人工智能
法律实务指南

DETERMANN'S FIELD GUIDE TO ARTIFICIAL INTELLIGENCE LAW

[美] 狄乐达　著

金小力　陈心云　译

法律出版社

LAW PRESS · CHINA

北京

Determann's Field Guide to Artificial Intelligence Law

by Lothar Determann

Copyright © 2024 Lothar Determann

This translation is published by Law Press China through arrangement with Lothar Determann.

All rights reserved.

本书简体中文版由原著作者授权法律出版社有限公司独家出版发行。

版权所有，违者必究。

著作权合同登记号

图字：01-2024-4319

推荐序

很荣幸受邀为狄乐达先生所著《人工智能法律实务指南》一书的中译本撰写推荐序。

以人工智能相关法律议题为卖点的书近年没少出。这类作品中有一部分是"纯学术"的，象牙塔内自产自销，水平高低暂且不论，实务界读者看了，恐怕主要感受只是"不明觉厉"，却未必会真心觉得手边需要常备一本。策划时主打"面向实操""一本速成"的当然也不少，但翻开看看内容，即使不都是剪刀浆糊式的粗制滥造，也往往读来像是用最简单提示语（"你要写一本有关人工智能法律实务的书，计划写六章，请先列提纲……"）鼓捣出来的大语言模型生成物——这就属于把那些还愿意掏钱买书、拒绝躺平的有心人当成了冤大头。

读罢《人工智能法律实务指南》，我感到这确是一本值得向实务界人士推荐的优秀作品，因为作者有足够的诚意、学识、经验和同理心，通透地把握了这类读者的知识需求，并明确以满足这种需求作为写作的出发点和落脚点。当然，所谓"实务界人士"，本身是一个巨大的箩筐式范畴，或许只要不在科研单位供职，甚至只要不自诩为"学者"，在各行各业踏实动手干活的，应该都能包罗进来。不过，在头脑中尝试为本书的适合读者群体画像时，我的确感到，无论是执业律师、企业法务、创业者、经理人，还是相关政务机关的干部，凡对人工智能技术可能涉及的法律问题感兴趣的，应该都会在阅读本书时有很强获得感。

作者开篇明确将本书论及的"人工智能"限定为具有"不可预测性、不可解释性和不可控性"的技术及其应用。这些特征很容易引发好奇和焦虑，也由此催生出了社会对人工智能及相关法律制度的广泛知识兴趣。以此为起点,作者聚焦法律实务人士的日常作业,重点识别出人工智能技术应用可能触发的法律问题,绘制成一张有助于读者把握相关论域的清晰路线图。我想,即便是受社交媒体上各类耸人听闻言论影响、带着忐忑心理开卷的读者,只要能从头到尾耐心读完,也会就此觉得踏实了许多。毫无疑问,新技术应用总是层出不穷,相关法律制度也处于较传统领域更为快速的变动之中。但在任何给定时点的给定制度框架下,无论律师还是企业法务,其每日每刻在开展以"应对"为要旨的工作时,需要重点关注的议题范畴其实仍是有限的(网络系统安全、知识产权、商业秘密、个人信息保护、防范数据滥用等),可以选用的合规工具也大多是现成的(内部合规方案、用户告知同意流程、业务协议中的保证和责任条款等)——本书就此所做的展示一目了然。

这并不是在说本书不够"深刻""前瞻""有批判性"。在理论层面研究与人工智能等新技术有关的法律问题,固然需要系统和长线的想象,但若以满足实务需求为旨趣,那么设身处地理解实操面临的约束条件就更为重要。与学者不同,"既来之则安之",顺势而为,不为了标新立异而"拧巴"着看问题,对从事实务的法律人而言既是德性,更是必需。法务与合规人员追求的就是尽可能"以不变应万变",新鲜事儿越多,越要尽量避免另起炉灶,最好只在边际意义上稍作微调,踏踏实实一天天"对付"过去,反而才是对业务创新的最给力支持。在某种程度上,这和学术界要避免随意开设"马法"学科,也有道理相通之处。与此相关,我也想提示,虽然本书主要以美国法为制度背景,并且没有也显然不可能将成书后出现的新技术和新法规进展(如欧盟《人工智能法》等)纳入其中,但对于中国法律语境中的法务与合规人员而言,其提供的一般问题路线图与合规策略"指南",仍然有很强的可参照价值,且不那么容易过时。

除了法律行当的实务界读者之外,我认为本书也非常适合没有太多法律专业知识的读者,例如计算机或人工智能领域的创业者和数字化相关业务领域政府机关的干部。很明显,作者在写作时预设至少有部分读者对哪怕最基本的财产法、知识产权法等领域的术语和议题结构都未必熟悉,因此他往往会在讨论人工智能之前,用非常简洁明了的方式交待这些背景性法律知识。甚至,除了化繁为简的介绍和说明之外,本书在一些地方的手把手指导,已经下沉到了相当微操的层面(例如不同合规披露文件里应该写"您"还是写"客户")。这样的写作方式,对于破除非专业人士对法律专业知识抱有的神秘感和距离感很有帮助。特别是,本书有助于让关注成本的中小企业理解,合法合规开展相关业务,未必是一件需要特别破费的事情。专业人士的服务固然有价值,但就一些基本的合规做法和内部规范建设而言,愿意动脑子的有心人也可以尝试着先自行上手。

进而,对于法学院的学生来说,本书不仅可作为初学人工智能法律问题的入门读物,更是一部有关如何为真实世界客户提供有效咨询的教学范本。法学院学生常以了解甚至熟练运用专业"黑话"为荣,然而进入实务岗位才发现,凡是不那么好忽悠的客户,要求的都是简洁明了的建议。在学理上,但凡还有思考、探讨价值的法律问题,肯定都不是简单的。但如何把本不简单的问题转化成简洁清晰的建议,需要的其实不只是知识,而更多是判断力,即能够结合特定服务对象的实践需求,判断什么样的信息对于后者应对眼前困难最为必要,而哪些进一步的复杂性可从长计议、以后再说——甚至压根没必要让他/她知道。就我的阅读感受而言,本书非常鲜明地体现了在充满不确定性的技术和制度环境中开展法律实践的"(实务)法律人思维",即追求尽可能有效地基于已知应对未知,把不确定性留给自己,把实用意义上最大程度的确定性提供给服务对象。通过阅读本书,学生应能感受到法律实务与考试做题、计较标准答案之间的区别。

当然,对于从事相关领域研究的学术工作者而言,本书也值得一读。在最庸俗的意义上,我们很多人在"纯粹"的学术研究工作之外,也会接受委托做一些服务实务部门的课题项目。借鉴本书呈现的实务视角,显然有益于提升此类工作的完成质量,避免费时费力一番之后,只落得委托单位一句"不接地气"的抱怨。但更重要的是,充分认知实务界的日常关切,有助于学者更清晰地理解,自身视角和思维的"深刻""系统"与"长远",与真实世界是否以及如何形成联结。例如,在学理讨论中,人工智能的最大挑战之一是劳动替代。本书虽也谈到替代问题,但在实务视角中,这并不涉及有关"全民基本收入"是否正当、可行一类结构性思辨,而主要是有关各单位或业务团队负责人应多留意身边同事工作量和工作方式的微观提示。然而不难想见,凡真正有意义的宏大构想,终究都会呈现在毛细血管的血色之上,而末端受到的值得重视的刺激,则总会借助各类反馈机制回溯到具有普遍性的层面。关注学理与实践之间如何经由议题的转换实现勾连甚至沟通,有助于学者更为合理地认知自身研究工作的意义。

是为推荐序。

戴 昕

2024 年 10 月 3 日

于陈明楼

原著序

在我最早的童年记忆中,我曾在家里父亲的书桌下玩过绿色、红色、白色和蓝色的长方形卡片。这些卡片上排列着间隔各异的椭圆形小孔。后来,父亲解释说,这些卡片上的孔洞代表着对一台大型计算机的指令。这些指令以1和0、通电和断电的形式存在,那台计算机只能处理这样的信号。20世纪六七十年代,父亲在恩斯特·徕兹(Ernst Leitz)有限责任公司编写早期计算机程序,用于优化徕兹生产的显微镜光学透镜和反射镜的形状。徕兹是一个家族企业,因生产徕卡相机(Leica, Leitz camera)而闻名。在工作之余,父亲给我读过很多科幻小说,比如艾萨克·阿西莫夫(Isaac Asimov)的《我,机器人》,以及罗伯特·容克(Robert Jungk)关于核弹等危险新兴技术的书籍,例如《未来已经开始》。父亲还送给我一台早期的惠普手持计算器,后来他又送我一台康懋达的家用电脑,并教给我基本的编程知识。

我成长的国家(德国)孕育了许多技术革新,但同时也对新技术的负面影响有着根深蒂固的恐惧。在我出生前后,我的家乡德国黑森州为了保护公民权利通过了世界上第一部数据保护法。这部法律后来成为欧盟《通用数据保护条例》(General Data Protection Regulation, GDPR)的前身。1990年,黑森州卡塞尔镇的一家上诉法院发布了一项初步禁令,在德国联邦议会颁布相关法律之前禁止基因技术的开发。出于对电磁污染的类似担忧,德国各地法院自1993年起纷纷发布了针对移动通信基站的初步禁令。对于这些议题,我于1996年在博士论文《以法律视角看待有潜在危险的新技术》中进行了相关研究。

我自1994年起在柏林自由大学教书,于1999年以博士后论文《互联网通信自由》获得法学教授终身教职。后来，我搬到了美国旧金山，在贝克·麦坚时国际律师事务所从事科技法律工作，并开始在旧金山大学法学院和加州大学伯克利分校法学院教授计算机法，涉及包括人工智能在内的众多信息技术课题。

在我的法律实践中，我一直为众多企业提供法律咨询服务。我的客户从初创公司到科技巨头不等，咨询内容涉及新技术的开发、商业化和使用，并且往往是在特定的法律、法规或法院判决提供明确的合规要求之前就已展开。自 2000 年起，我开始为客户制订隐私影响评估表、外部代码使用指南和风险审查流程，比 GDPR 法定要求企业记录数据保护影响评估还要早好几年。多年来，人工智能相关的问题时常浮现，然而直到最近，对于大多数客户而言，人工智能的实际影响似乎还是遥不可及。

OpenAI 于 2022 年年底推出 ChatGPT，在不到 2 个月的时间内吸引了全球 1 亿用户。随后，人工智能引起了几乎所有人的关注，迅速登上媒体头条，并成为政界与商界讨论的焦点。公共组织和私营企业纷纷开始咨询与人工智能相关的机遇、风险和法律合规要求。

我希望这本《人工智能法律实务指南》能为执业律师、合规专员、工程师、数据隐私专员和其他企业代表提供实用的指导。我在 2010 年编写《数据隐私法实务指南》时也采用了类似的写作原则，该指南目前已推出第五版，被翻译成了十几种语言。虽然我在《数据隐私法实务指南》中提到了与人工智能相关的数据隐私话题，但是人工智能引发了更多紧迫的法律合规问题，我将在本书中逐一探讨。正如探索自然界新领域的探险家会从户外指南中获益一样，我希望这本人工智能领域的法律指南能帮助读者解决与科技、法律和国际企业合规相关的复杂问题。

许多学者、客户、同事、学生、朋友和家人为本指南做出了宝贵贡献。我特别感谢加州大学旧金山法学院实践教授 Jessica Vapnek，突破能源基金和卡内基科学研究所高级科学家 Ken Caldeira，OpenAI 副总法律顾问 Ashley

Pantuliano，TikTok 全球法律顾问 Dan Ralls；Xperi 隐私法律顾问 Carla J. "CJ" Utter，贝克·麦坚时国际律师事务所合伙人 Pamela Church、Helena Engfeldt 和 Irina Shestakova，美国律师协会网络安全法律工作组特别顾问及科技法分会前任主席 Ruth Hill Bro，贝克·麦坚时国际律师事务所法律助理 Frances Say，Anne Determann，汽车工程师 Martin Determann，物理学家 Hans Determann 博士，加州大学伯克利分校法学院 2024 级法学硕士学生 Garima Kedia，乔治华盛顿大学法学院 2024 级法律博士学生 Yanshu Zhang。任何错漏均由我个人负责。本书仅代表我的个人观点，与其他任何人以及我所任职的大学和律师事务所无关。

祝探险愉快！

狄乐达

2024 年 1 月

译者序

我们在本科阶段都主修计算机科学专业,后来在哈佛法学院攻读法律博士(Juris Doctor)学位,因而对人工智能领域的法律议题始终保持着浓厚的兴趣。与本书结缘,起因是小力于2023年秋季在伯克利法学院交流时选修了本书作者狄乐达先生的课程。彼时本书的英文原版刚刚定稿,是全球为数不多的以跨国公司为视角、用简明务实的语言分析人工智能合规问题的法律指南。让本书与中国的读者见面,是狄乐达先生和我们的共同心愿。

翻译本书对我们来说既是挑战也是享受。感谢狄乐达先生耐心答复我们在翻译过程中提出的问题。我们力求在尊重作者原意与保证译作可读性之间寻求平衡。在狄乐达先生的准许下,我们在必要时对本书的语言进行了适度调整,使其更符合中国读者的阅读习惯。为了保证译作间的连贯性,本书借鉴了狄乐达先生此前发表著作《数据隐私法实务指南:以跨国公司合规为视角(第五版)》的中文译本。在此,我们由衷感谢《数据隐私法实务指南:以跨国公司合规为视角(第五版)》的译者何广越和沈伟伟老师。同时,我们也要感谢沈伟伟老师和法律出版社的赵明霞老师对本书付梓的全力支持。

此外,小力要特别感谢父母对本书翻译工作的大力支持。本书译于小力攻读法律博士期间的最后一个学期,面对烦琐的毕业事宜,是小力父母的鼓励让本书得以及时与读者见面。心云要特别感谢小力的信任和鼓励,以及对大部分翻译重任的承担。

祝阅读愉快!

金小力　陈心云
2024年3月31日

大　纲

原著序/001

译者序/001

导言/001

关键术语/001

行业概述/001

 第一章　人工智能法/001

 第二章　启动合规计划/033

 第三章　起草文件/052

 第四章　评估影响和降低风险/084

 第五章　协议/124

 第六章　规程/144

 第七章　维护和审核合规活动/156

要点清单/164

相关资料/168

目 录

导言 / 001

关键术语 / 001

行业概述 / 001

  监管格局 / 001

  识别人工智能 / 001

  法域 / 009

  被监管者 / 013

  执法机构 / 013

第一章　人工智能法 / 001

  1.1　针对人工智能的专项法律 / 001

  1.2　产品安全法、侵权法和刑法 / 003

  1.3　财产权法 / 006

  1.4　商业秘密、保密性和安全性 / 016

  1.5　反歧视 / 018

  1.6　隐私与诽谤 / 019

  1.7　公开权 / 021

  1.8　GDPR 和其他数据处理法规 / 022

  1.9　数据驻留和保留 / 030

  1.10　合同和行业标准 / 032

第二章 启动合规计划 / 033

2.1　掌握主动权 / 033

2.2　管理 / 035

2.3　分配责任 / 037

2.4　与内部利害相关部门及外部顾问开展有效合作 / 037

2.5　留意合规工具与自动化产品 / 039

2.6　准备任务清单 / 040

2.7　全面了解人工智能及相关法律问题 / 041

2.8　设置优先级 / 043

2.9　明确关键法律要求 / 046

2.10　执行 / 050

第三章 起草文件 / 052

3.1　为什么创建文件？/ 052

3.2　受众是谁？/ 057

3.3　区分文件类型 / 058

3.4　法律建议、风险与合规 / 063

3.5　通知 / 067

3.6　警告 / 068

3.7　同意 / 069

3.8　处理活动记录、数据图及流程图 / 081

3.9　协议 / 082

3.10　规程 / 083

第四章 评估影响和降低风险 / 084

4.1　定义影响、伤害与风险 / 084

4.2　量化和定性风险与伤害 / 085

4.3　评估的必要性 / 085

4.4　伤害风险与问责 / 086

4.5 保险 / 087

4.6 特定制裁风险与应对方案 / 087

4.7 注意保护客户特权与保密性 / 092

4.8 特定所需的影响与风险评估 / 092

4.9 人工智能风险知识库：从 A 到 Z / 094

4.10 不开发、不提供或不应用人工智能的风险 / 122

第五章 协议 / 124

5.1 协议、条款与附录的组织架构 / 124

5.2 卖方主要义务 / 127

5.3 买方主要义务 / 128

5.4 各方次要义务 / 131

5.5 所有权归属 / 132

5.6 机密信息及安保方案 / 133

5.7 违约责任 / 134

5.8 违约责任界定及限制 / 141

5.9 准据法选择和争议解决 / 143

5.10 不可抗力 / 143

第六章 规程 / 144

6.1 样本规程：生成式人工智能的合理使用 / 145

6.2 样本规程：人工智能生成代码和开源代码的使用准则 / 146

6.3 样本规程：人工智能的数据获取与使用 / 153

第七章 维护和审核合规活动 / 156

7.1 定期义务及变更管理 / 156

7.2 终止文件及相关流程 / 157

7.3 接管或审核现有合规计划 / 157

7.4 开发审核机制 / 158

7.5　检验人工智能的性能、质量与安全性 / 159

7.6　合规工具与自动化项目 / 160

7.7　并购中的尽职调查 / 160

7.8　对供应商的尽职调查 / 162

7.9　持续的员工培训 / 163

7.10　监控新发展 / 163

要点清单 / 164

相关资料 / 168

导　言

　　本书旨在为读者提供法律指引，帮助读者轻松应对涉及法律、权益、风险、机遇和科技交汇的复杂领域。随着人工智能的不断发展，企业法务、执业律师、产品法律顾问、合规专员、程序员、数据隐私专员、数据科学家、信息安全专员、营销经理、猎头、人力资源专员等专业人士越来越频繁地遇到各类人工智能合规问题。尽管关于这类问题已有海量的公开资料，而且其中不少资料可免费获取，但遇到某一具体问题时，想要快速找到解决之道而不迷失于炒作、宣传和细枝末节之中，恐怕仍然不易。

　　这就是本书发挥作用的地方。它旨在帮助读者鉴别法律议题、指出实务要点、归纳问题并形成解决方案。它不是一本浅尝辄止的书，如果限于篇幅无法展开论述某问题的答案，它会给出易于查询的关键词，以方便读者查阅外部参考资料。为了保持内容的精简与实用性，本书没有使用脚注和"蓝皮书"样式的引注，因为本书的主旨是解决实际问题，而非进行学术性的文献检索。

　　本书附有要点清单和任务清单，其中列出各项关键合规要求以及如何高效满足这些要求的实务建议。您也能从本书中了解到跨国公司在实务中最常面对法域的特定情况。所选法域是为了说明具体问题，无法全面覆盖全世界190多个主权国家的具体情况。通过本书的指导，您将能更轻松地针对特定国家和情境深入研究相关细节。

　　关于如何使用本书，我的建议是：如果阅读本书是为了设计和运行一个新的人工智能合规项目，您可以从下文介绍的"关键术语"和"行业概述"着手，然后依次阅读本书正文的第一章至第七章；如果您只想快速查阅某个具体问题或解决某项具体任务，可以通过本书的目录查找关键词以聚焦您关注的信息。无论您如何使用本书，我都希望它在您探索这个复杂而新颖的法律与合规领域时有所助益。

关键术语

以下术语和定义旨在以简单直观的方式厘清人工智能法域中的相关概念。计算机科学家、哲学家以及政策制定者之间对于这些准则和术语的界定仍存在广泛的讨论。在下文"行业概述"中,本书将提到更多定义、术语和注意事项。

拟人化,是指将人类的特征或行为赋予动物、植物或机器的现象。例如,我们常常提到的"机器学习"或是人工智能出现"幻觉"(人工智能模型生成了不正确或误导性结果)都是拟人化的表述。

在本书和我的法律实践中,我尽量避免拟人化的使用。虽然拟人化有时能够帮助我们更快地理解新的技术概念,但是律师和政策制定者在使用拟人化的表述时应当格外谨慎。为了保护人类,我们必须明确人类和机器之间的界限,尤其是对于我们无法完全预测、理解或控制的人工智能。比如,关闭机器不应该被视为对机器的一种"谋杀",过度使用拟人化的表述可能导致我们失去控制机器的能力。

人工智能(Artificial Intelligence,AI),是指一种计算机系统——能够生成文本、图像、问题解决方案等多种输出,具有高度的自主性,并以其开发者无法预测、解释或控制的方式运行。

确定性系统,是指一种计算机系统——通过运行由人类编写的具体步骤指令,生成开发者能够预测、解释和控制的输出。

本书使用"确定性"一词来描述前述定义下不属于人工智能的系统,确定性系统也被称为"基于规则的"、"静态的"或"传统的"系统。所有软件都可能因程序错误和其他问题而发生故障。开发者可以通过补丁、更新和升级来找到并修复确定性系统中的故障。

开发者,是指开发人工智能的企业或个人,通常通过配置由第三方提供的硬件、编写或修改程序代码、获取训练数据,以及应用机器学习和强化学习技术来进行人工智能的开发。

输入,是指人类提交或系统通过传感器获取的各类信息。例如,在计算器上输入的数字、向聊天机器人发出的提示语、对智能音响的语音指令,以及汽车方向盘的移动。

输出,是指系统提供给人类或其他系统的结果。例如,计算器返回的数字、聊天机器人的回复、智能音响播放的音乐,以及汽车行驶的方向。

提供商,是指运营、维护,并向用户提供人工智能服务的企业,包括通过网站或移动应用提供在线聊天、计算机图像生成或搜索引擎服务。

用户,是指从人工智能获取输出信息的个人或企业。

行业概述

在本书的这一部分中,我将对涉及人工智能的各个法律领域进行概述,探讨如何识别人工智能技术、不同法域对人工智能的监管方式及其他相关议题。此外,我还将阐释本书中使用到的一些关键术语和定义。

监管格局

截至2023年年底,全球尚未有任何政府专门、正式颁布"人工智能法"来对人工智能进行系统性规范。然而,在现有的多个法律框架内,人工智能的开发者、提供商和用户已经开始面临一系列新的法律挑战。这些挑战覆盖了广泛的法律领域,包括但不限于反歧视法、产品安全法、知识产权法、数据保护法等。人工智能之所以会引发这些新的法律议题,主要是因为其运行具有高度的自主性,使开发者往往难以预测、解释或控制其最终输出结果。本书第一章对人工智能法律中的关键问题进行了概述。

识别人工智能

正如在野外识别陌生物种一样,识别人工智能也是一项特殊的挑战,不能仅依靠直觉或表象来判断。日常生活中,尽管我们不断地与各类自动化技术互动,但往往难以直接识别出我们交互的对象是人类、传统计算机系统,还是人工智能。人工智能的应用范围极为广泛,从驾驶汽车、接听电话、网上聊天,到赋能移动应用、整合网络搜索结果、实现面部识别以确认乘客身份,乃至控制机器人为我们修剪草坪或清理公寓等。

识别人工智能的另一大挑战在于,对于何为真正的人工智能,不同的人有不同的理解。对于那些不符合人工智能标准的计算机系统,人们也没有一个统一的称呼。定义和术语的更新速度几乎与人工智能技术的发展速度一致。在本书中,人工智能指能够生成文本、图像、解决方案和其他形式输出的计算机系统。这些系统具有在开发者无法预测、解释或控制的情况下自主运作的能力。相对地,那些操作结果可以由开发者预设并且在特定指令下行动(例如,如果遇到甲情形,则执行乙动作)的系统则被称作"确定性系统"。这些系统的行为结果是可以被开发者预测、解释和控制的。强调结果的可预测性、可解释性和可控性对于人工智能的合规非常关键。

根据不同情况,相关从业人员(包括政策制定者、科学家、投资者、营销人士等)有时倾向于狭义地定义人工智能,有时又倾向于广义地定义人工智能。例如,几十年来,欧盟的监管机构一直试图通过数据保护法等法规来限制数据处理。目前,《欧盟人工智能法案》的草案对人工智能的定义非常宽泛,试图解决几乎任何计算机系统都可能导致的潜在危害。企业家和营销人士也常常希望扩大对人工智能的合理定义范围,以便拉动投资。另一方面,一些人工智能的研发者则提出了更狭义的定义,希望以此来限制和延迟监管,尽可能保留人工智能的运营自由。

其实,无论是采用宽泛还是狭窄的定义都有其合理之处。我们将人类创造或发明的任何事物称作"人工",以此与自然界中发现的事物相区分。同时,我们也会把能够利用超越自然原始力量(如直觉、经验、分析能力或超强处理能力)来解决问题的人、动物或机器视为"智能"。因此,有充分的理由将人工智能的定义扩展到任何能通过类似人类推理的方式解决问题的系统,尤其是当这些系统能以与人类相同或更好的方式解决问题时。然而,完全依照这种广泛的定义会将普通计算器也纳入人工智能的范围,这显然是不合适的。

我们也可以将定义范围缩小，仅将那些具备广泛适用性、能够像人类一样解决多样问题的系统定义为人工智能。这种定义往往要求人工智能系统具备直接感知世界的能力，须通过实体存在和传感器来实现。有些人会把这种较高的定义标准与"通用人工智能"（Artificial General Intelligence，AGI）相联系。

阿兰·图灵（Alan Turing）在1950年提出了一种测试机器是否具有智能的方法：当面对同一问题时，如果一台机器给出的书面回答与人类的回答不可区分，即观察者无法判断这些回答是来自机器还是人类，那么可以认为这台机器具有智能。然而，这一标准主要聚焦于机器在解决特定问题上的能力。简言之，就是模仿或者在某种程度上欺骗人类的能力。

以上或宽泛、或狭窄、或仅基于特定问题的定义，在解决人工智能引发的全新法律问题时都难以切中要害。这些法律问题主要源于系统的不可预测性、不可解释性和不可控性。如果定义过于宽泛，可能会导致太多系统被归入人工智能的监管范畴，给必须遵守相关法规的企业带来沉重负担，并分散其解决人工智能关键风险的注意力。例如，对普通计算器进行人工智能影响评估，显然没有任何价值。然而，如果定义过于狭窄，仅将焦点放在与人类类似的计算机系统上，我们可能会忽略其他系统带来的重大风险。不管人工智能的能力是否能与人类媲美，其存在及所具有的高度自主性都向人类社会提出了新的挑战。虽然机器能否欺骗人类是一个重要的问题，但这并不是唯一的问题，甚至也可能不是最紧急的问题。

法律合规的前提是对人工智能有一个清晰的定义，以便将其与其他类型的系统区分开来。在社会运作中，人类的行为或疏漏通常伴随着法律责任。例如，法律给予原创作品的创作者著作权保护，旨在激励创新并惠及公众。同理，未经授权复制他人作品会引发侵权责任。当人类使用确定性系统（非人工智能系统）进行创作或侵犯著作权时，法院能够相对容易地依据现有法律原则确定责任人。然而，涉及人工智能的创作和侵权所带来的法律问题则复杂得多，往往难以明确谁拥有作品的著作权(开发者、提供商或用户)，或谁应对侵权行为负责。法官面临的挑战在于，人类对人工智能的运作方式和其产出的具体内容理解有限，难以判定其输出是由开发者、提供商还是用户导致的。由于开发者无法完全预测或控制人工智能的内部运作和输出，也就无法确切预测、解释或预防其可能伤害人类或违反法律的故障。从法律角度来看，这一点尤为重要。

增加系统的自主性可能导致人类失去对系统的控制，但这并非必然。为了提升效率，工程师们几个世纪以来一直在努力增强机器的自主性，即构建出需要更少人工指令即可完成任务的系统。机器所需的人工输入越少，它所提供的附加价值就越大。这类具备自主性的机器包括能自动执行浸泡、旋转和冲洗程序的洗衣机，以及配备动作传感器、能够自动拍摄并传输图像的安防摄像头等。工程师们为了限制机器能执行的任务范围通常不会设计完全自主的机器，即能自我管理、自我指导并且完全脱离人类控制的机器。只要人类能够继续掌握机器的目标设定及控制权，机器的自主性就不应该引发严重的法律问题。

过去，开发者会编写程序让机器执行一系列预先确定的步骤。开发者会预设一些规则或算法，例如，如果发生甲情况，则执行乙动作，以此来设定输入与输出的关系。用户在使用机器(如计算器或非自动驾驶的汽车)的过程中会决定其余的步骤。在很多现代机器中，中央处理器(central processing unit，CPU)会根据开发者预置的指令来达成既定的目标。例如，我们早晨打开笔记本电脑，它会启动程序，让我们能够查找邮件或创建文档。这种确定性系统的行为是由硬件设计师、软件开发者和用户共同塑造的，使用户能够预测、理解并控制机器收到指令后的反应。尽管开发者有时会在系统中引入一定的随机性(如随机选择屏保图片)，这种所谓的"随机性"不会从法律角度改变系统的确定性，因为开发者仍然可以解释甚至控制这种"随机性"并为系统产生的输出负责。

为了提高确定性系统的自主性，开发者要预测并处理更多可能的情景，确保机器能够在每种特定情况下作出恰当反应。由于这些步骤已被提前设定好，开发者能够预测、解释并控制系统的运行及其结果。如果在某个特定情况下，一个确定性系统没有产生开发者预期的结果，那么问题要么源于可修正的编程错误，要么源于可避免的用户操作失误。但是，开发者必须考虑到无数的潜在情况，并大幅增加代码量，以确保系统能在各种情形下输出正确的结果，并提升其自主性。因此，开发者在使用这种确定性编程方法时常常会被问题的实际复杂性所限制。

随着机器学习技术的兴起，开发者在提升机器的自主性和性能上取得了重大进展。现在的系统不仅能够精确执行算法定义的步骤，还能通过人类抽象级别较高的指令、大型数据集以及监督学习和强化学习等方法来掌握解决问题的技巧。举例来说，开发者借鉴人脑神经元的工作原理，构建出了复杂的多层人工智能神经网络，使其通过分析大量的图像数据来学习识别含有猫的图片。在这个过程中，开发者会不断调整神经网络以提高其识别猫的准确性，但他们并不会直接告诉神经网络如何根据猫的特征（如大小、毛色、颜色，或眼睛、耳朵和腿的数量）来进行识别。相反，他们让神经网络自我学习如何识别在人类视觉中与猫相关联的各种图像，包括猫的卡通形象和对猫某个部分的描绘。通过强化学习，开发者对系统做出的正确反应进行奖励，对错误的输出进行惩罚。开发者不会向系统明确解释输入与输出之间的因果关系，也不会直接输入系统识别猫的种种规则。神经网络自行根据开发者的奖惩机制调整其算法中的权重，从而逐渐产生更加准确的识别，这些结果并非开发者通过逐步编程预设的。虽然开发者通过这种方式提高了系统的自主性，避免了预先编程处理所有可能情况的需求，但这种方法降低了系统输出的可预测性、可解释性和可控性。

同样，一些企业创建了大语言模型（Large Language Model，LLM），通过引入大量文本、指令及反馈，并采用监督学习和强化学习技术，赋予了模型根据用户指令生成文本的能力。这些大语言模型被称为"生成式人工智能"（Generative Artificial Intelligence, GenAI, GAI），因为这些从训练数据中学习并创建出的概率模型能生成文本、图像或其他形式的内容。这些模型生成的内容通常会呈现出与训练数据相似的特点，包括数据的模式和结构。开发者不具体指导大语言模型如何回答一个具体的问题，也不命令其用某个算法解决具体的数学问题。相反，大语言模型通过预测下一个最可能的单词来逐步构建文本，这个过程类似于文本编辑软件中的"自动联想"功能，在编辑消息时自动补全下一个可能的字符串。大语言模型本身通常不包含或不持续访问其训练数据，只包含算法中表示概率的权重。在这些权重的指导下，大语言模型会选择适当的符号和字词来创造文本或编写代码。

许多用户，包括我在内，都对大语言模型的功能和实用性感到惊喜和由衷的佩服。例如，ChatGPT通过了美国加利福尼亚州（以下简称加州）的律师资格考试，这是一个很多法学院毕业生即便经过3年学习和专门的备考后仍难以达成的成就。然而，用户同时必须认识到，大语言模型并不通过算法解决数学问题，也无法保证其解答方法总是科学的，其提供的答案可能会不准确。开发者无法完全预测、解释或控制大语言模型生成的内容。因此，用户在依赖人工智能提供的内容或在将其作为事实传播之前，必须对内容进行核实、纠正或补充，以确认其准确性。

这种不可预测性、不可解释性和不可控性让人工智能为人类社会带来了全新的挑战。正因如此，法律体系应当区别对待人工智能系统和传统的确定性系统。这也就是为什么我在本书中反复强调人工智能的自主性特点，以及人类对其输出的不可预测性、不可解释性和不可控性。

尽管有了明确的定义，评估哪些系统符合人工智能的标准仍然是一项挑战，这正是本书的目的所在。在实践中，有几种实用的方法可以帮助企业识别人工智能系统。首先，可以参考系统的开发者和提供商是如何描述该系统的。如果一个外部供应商将其系统称为人工智能，那么除非有确凿的反证，企业可以初步将其视作人工智能系统。对于企业内部开发的人工智能项目，可以要求开发者展示他们对系统输出的预测、解释和控制能力。按照本书的建议，为每个系统指定一名人工智能协管员，并询问该协管员是否能确保系统的输出是可预测、可解释和可控的。如果一名可靠的协管员对此给出肯定答复，那么企业可以选择不对该系统进行人工智能风险评估，除非发生事故迫使企业重新考虑这一决定。随着人工智能研究的进展，人们将能更深入地理解各类系统的工作原理，进而更好地预测和控制其输出。因此，根据本书对人工智能的定义，一些系统可能会随时间的推移而被重新分类为非人工智能系统。如果人工智能可以解释输出原理、列出数据来源，并指导人类提升其可控性，人工智能本身可能帮助人类取得突破性的进展。

对于人工智能和非人工智能系统，企业均须监督它们的质量与性能，并不能指望开发者可以保证系统永远无误地运行。然而，除非法律有明确要求，否则企业不必对每个系统执行人工智能影响评估。如果企业执行过多的影响评估，不仅会限制企业的创新和产品开发能力，还可能让法务和合规部门负担过重。在面对众多评估任务时，审查者可能会忽略真正存在问题的系统。相反，采取更加有针对性的评估方法可能更有助于发现并解决问题。

针对具体的法律法规要求，企业有时不得不采用不同的"人工智能"定义。例如，欧盟议会于2023年6月为《欧盟人工智能法案》提出了如下定义：

> 人工智能系统是一种基于机器的系统。该系统可以在不同程度上自主运行，并可以为了明确或隐含的目标，生成诸如预测、建议或决策等输出，且这些输出能够对物理或虚拟环境产生影响。

欧盟委员会此前提出的另一种人工智能定义，包含了《欧盟人工智能法案》的附件内容：

人工智能系统是指采用附件一中所列的一种或多种技术及方法开发的软件。该软件能够根据一组由人类定义的目标，产生内容、预测、建议或决策等输出，且这些输出会影响系统的交互环境。

在2023年8月末，美国加州隐私保护局（California Privacy Protection Agency，CPPA）发布了《加州消费者隐私法》（California Consumer Privacy Act，CCPA）关于风险评估的条例草案摘录，其中包含以下定义：

人工智能是指一种工程系统或基于机器的系统。其设计目的是以不同程度的自主方式运行，并能为明确或隐含的目标，生成影响物理或虚拟环境的预测、建议或决定。人工智能包括生成式模型，如大语言模型。它可以从输入中学习并创建新的输出，包括文本、图像、音频或视频，又如面部或语音识别、检测技术。

为了统一美国各机构在人工智能领域的研究、开发和应用，美国政府于2020年颁布了《国家人工智能倡议法案》，根据该法案的定义：

人工智能指的是一种基于机器的系统，它能够针对人类设定的具体目标，对真实或虚拟环境作出预测、建议或决策。人工智能系统通过结合机器和人类的输入：（1）来感知真实和虚拟环境；（2）以自动化的形式将这些感知抽象为模型；（3）使用这些模型进行推理，以提供信息，或制订行动计划。

美国国家标准与技术研究院（National Institute of Standards and Technology，NIST）建议，人工智能应被视为一个：

跨学科领域,通常认为是计算机科学的一个子领域,专注于研究能够执行与人类智能相关功能的模型和系统,例如推理、学习等。

当这些宽泛的人工智能定义被纳入法律要求时,企业必须遵循这些定义。然而,在实践中,从业者可能会发现,本书提出的更为具体的定义更加实用。这是因为本书的定义专门针对人工智能系统的不可预测性、不可解释性和不可控性。依据本书的具体定义,人工智能是指那些能够自主运作,并且其输出——无论是文本、图像、解决方案还是其他形式的输出——都超出了开发者的预测、解释或控制范围的计算机系统。

法域

全球的提供商都可以利用万维网将其人工智能产品推广到世界各地。鉴于开发者在自然语言处理方面取得的进展,国界和地域文化几乎不再是人工智能推广的障碍。然而,立法者服务于各自的国家,他们制定的法律法规直接影响国内的个人和企业,而他们在其他国家执行这些法律的能力是有限的。鉴于不同国家可能采取不同的人工智能监管措施,企业家在决定于何处注册公司、雇用人员、设置服务器和开展业务时,应该仔细进行考量。

欧盟在限制人工智能的开发和使用方面处于领先地位。欧盟已经通过了GDPR,对大多数类型的数据处理设立了限制,并且提出了新的《欧盟人工智能法案》草案,进一步加强了限制措施。这使欧盟的企业面临挑战,难以在信息技术领域有所创新,也可能阻碍欧盟范围内人工智能的发展。尽管如此,由于欧盟对互联网和市场相对开放,欧盟内的个人和企业仍有可能从欧盟以外的提供商处获得人工智能服务,正如他们使用美国等国家的信息技术产品一样。然而,如果欧盟的数据保护机构继续对欧盟外的科技企业施以处罚,这些企业可能会停止向欧盟用户提供人工智能服务,一些跨国企业已经作出了类似的声明。尽管如此，欧洲共同市场对全球企业依然具有重要的战略价值。随着越来越多的国家采取与 GDPR 相似的个人数据处理限制措施，GDPR 对外国企业向欧盟用户提供人工智能服务的制约作用可能逐渐减弱。

日本在 2019 年对日本著作权法第 30 条进行了修订，允许出于数据提取和技术开发目的，复制受著作权保护的作品。这一改动似乎是为了给机器学习等技术创造更有利的法律环境。然而，日本的数据保护机构也发出了类似于欧盟的警告。日本与欧盟在 2018 年的贸易协议中也相互认可了对方的数据处理法规。

几十年来，中国一直鼓励和支持国有企业和私营企业开发人工智能。由于开发者无法预测、解释或控制人工智能的输出，私营企业的部分人工智能产品可能会因为违反政策而受限。某些情况下，外国企业向中国用户提供人工智能服务难度较大。

在美国，立法机构在人工智能领域的监管主要采用了"伤害风险"（risk of harm）的评估方法，这与其在隐私保护方面的传统做法一致。举例来说，加州和纽约市已经开始实行专门针对人工智能的法律法规：禁止企业在使用聊天机器人时误导消费者；要求采用自动化就业决策工具（Automated Employment Decision Tools, AEDT）的企业进行年度审核，以应对人工智能可能引发的歧视问题。除此之外，美国的各州和联邦立法机构还在考虑许多其他法案，这些法案覆盖人工智能在不同行业、场景中的应用及潜在风险。它们集结在一起，形成了一个复杂的法律体系，如同美国联邦与各州的隐私法律一样，既相互重叠，又互不一致。与此同时，集体诉讼的原告们也向人工智能提供商发起了诸多诉讼，试图明确现有法律对于人工智能的适用范围，并敦促美国法院在全球人工智能法律议题中发挥领导作用。

全球各国政府都在谨慎地关注人工智能的发展，试图在抓住人工智能带来的发展机遇与减轻其潜在负面影响之间寻找平衡。鉴于人工智能技术可能会被对手抢先开发，一些政府认为不应该对人工智能实施过度严格的监管,以免错失发展机遇。同时,各国政府也在关注人工智能对国内劳动力市场和社会秩序可能造成的破坏,以及国际人工智能军备竞赛是否可能触发。

　　人工智能开发者、提供商和用户必须谨慎处理各国不同的监管环境。与其他技术产品和商业模式一样,一些法域为人工智能的开发和部署提供了更为友好的法律环境。在跨境活动方面,由于知识产权法和计算机干扰法按地域适用,企业在何处开发、运营和使用人工智能会导致法律层面的要求有很大不同。例如,开发者通常只在某些法域申请专利,他们的发明在未获得专利的地方可以被自由使用。此外,著作权人会发现,一些法域的法院比其他法域的法院对著作权的保护更有力。如果开发者在诉讼较少且不要求被告在审前取证时提供记录的法域组建开发团队或雇用服务提供商,就可以降低由数据获取而引发的法律风险(如从网上抓取受著作权保护的数据所带来的法律问题)。如果最终的人工智能产品不包含或不需要访问训练数据(许多系统都是这种情况),企业可以在初始训练阶段完成后,把人工智能转移到相对友好的法域(明示或暗示允许企业用大量数据训练人工智能的法域),从而将有争议的开发活动本地化。

　　与知识产权的监管相比,在更广泛的其他监管领域,各法域之间的相似性要少得多,协调性也差得多(特定的人工智能法规除外)。在美国,一个经验法则是,除非特别禁止,否则皆被允许。个人和企业被允许开发和部署所有未经法律明确禁止的新技术和系统,包括人工智能。如果使用未受监管的新技术对他人造成伤害,企业可能面临基于侵权法和不公平竞争法的集体诉讼,或被监管机构起诉。但是总体来说,只要在推出新技术的初期负责任地行事并努力避免造成伤害,大多数美国企业能够快速创新和扩展,而不会受到过多官僚主义的限制。然而,随着时间的推移,美国加州等州政府可能会针对新技术带来的潜在危害制定专门法律,企业必须为此做好准备。

　　在德国和其他欧洲国家,法院、监管机构和立法机构通常对新技术的潜在风险持更为谨慎的态度。在某些情况下,他们推翻了"未明确禁止即视为允许"的传统观念。这种审慎的立场虽然出于把控风险的考虑,但本身也带来了风险:过分保守的监管环境可能令创新者感到受限,导致他们撤离该地区市场,进而使得本可以通过新技术解决的问题不能得到妥善处理。

德国的一些法院认为,所有具有潜在危险的新技术都应被禁止,直到政府能够出台相应的监管措施,使这些技术能在法律框架下被安全使用(这种观点的合宪性至今还存在争议)。例如,1990年,德国黑森州的一家行政法院初步禁止一家企业运营基因工程工厂,直至德国联邦议会通过监管基因技术的相关法律,其理由是担心未受监管的活动可能会造出对人类构成威胁的危险怪物。到1993年,德国的多个法院出于类似的担忧禁止电信公司安装移动电话基站,直到有关"电雾"对健康影响的问题得到议会的解决。同样地,基于对人工智能可能做出反人类行为的担忧,德国法院也可能限制人工智能技术的广泛应用。

与人工智能尤为相关的是,德国黑森州于1970年颁布了世界上首部数据保护法,旨在应对计算机系统可能对公民权利和个人隐私带来的潜在风险。黑森州的这一法律为许多欧洲数据保护法提供了范例,并最终成为GDPR的范本,适用于大部分私人和公共部门的数据处理活动。欧洲数据保护法的基本原则是,禁止企业处理个人数据,除非有数据主体的明确同意或符合法律规定的例外情况。越来越多的法域至少在法律条文上采纳了类似欧洲的禁止性规定,如阿根廷、巴西、哥伦比亚、以色列、日本、韩国、新西兰和乌拉圭等。

美国的一些州也引入了GDPR的原则和具体要求,其中以加州的CCPA为首。然而,美国的法律为人工智能开发者提供了某些在欧盟的数据保护法律中不存在的"合理例外"。例如,在美国,人工智能开发者可以使用自动驾驶汽车传感器捕获的个人信息,抑或是从公共网站上获得的个人信息,只要开发者有合理依据相信这些信息是消费者(或被广泛传播的媒体)合法向公众提供的。

被监管者

面对人工智能,开发者、提供商和用户都面临各自的机遇和风险。为了降低必须承担共同责任的风险,并考虑到大多数企业可能在不同系统中、甚至在同一系统内扮演多个角色,所有被监管者都必须清楚理解彼此的角色。

人工智能开发者负责创建和训练人工智能。他们负责编写或选择底层代码,并挑选用于训练的数据集。通过应用强化学习技术,开发者测试、监控并改进人工智能的性能,对模型的正确预测给予奖励,对错误预测实施惩罚,以此不断优化人工智能的准确性。

人工智能提供商向用户提供人工智能服务。提供商的计算机系统运行着人工智能的底层代码、模型和相关数据。他们设计人工智能的安全措施、商业模式、在线用户账户和服务条款,从而使用户能够通过计算机、手机、汽车、机器人或其他系统里的应用程序,远程地访问人工智能服务。

用户使用人工智能生成各类内容(如文本和图像)或实现各种目标(如乘坐自动驾驶汽车前往目的地)。用户既可以是企业也可以是个人,他们的行为可能会减少或增加由人工智能引起的伤害。例如,用户可能使用人工智能生成诽谤他人的图片或视频,或者指挥自动驾驶汽车闯入私人住宅。相较于开发者和提供商,用户往往对人工智能造成的伤害负有更直接的责任。同时,用户也更可能直接受到人工智能生成的有害内容的影响。

执法机构

鉴于人工智能的广泛应用、功能及其带来的风险(详见本书第四章的总结),所有政府机构、企业和个人都面临着人工智能相关的新法律问题。考虑到人工智能对个人数据的影响,欧盟的数据保护机构已开始监管人工智能提供商。然而，数据保护并不是人工智能引发的唯一问题，有时甚至不是最紧迫的问题。美国平等就业机会委员会（Equal Employment Opportunity Commission，EEOC）已开始针对人工智能可能在职场引发的偏见或歧视问题对雇主进行监管。为了保护消费者和维持公平竞争的市场环境，美国联邦贸易委员会（Federal Trade Commission，FTC）也在对人工智能进行调查。全球各地的监管机构都在评估人工智能对其监管领域的影响。各国政府同时也面临着政府机构本身应如何在国家安全、执法、员工监控和行政管理等方面应用人工智能的复杂问题。

不同的企业会委任不同的部门和个人来牵头设计并全面实施人工智能法律合规计划。企业的数据隐私官或法务通常会发挥主导作用，因为他们对数据合规已有充足的经验。但许多企业都意识到，处理人工智能的法律问题需要跨部门的工作小组和多元化的治理委员会。对此，本书第二章中有相关建议。

第一章　人工智能法

企业必须遵守与商业活动相关的各项法律。其中一些法律对企业在人工智能方面的监管合规工作提出了新的挑战。这是因为人工智能系统具有很大的自主性,而且其开发者无法准确预测、解释或控制人工智能生成的内容。本书将这些法律统称为"人工智能法"。本章对这类法律进行详细概述。

1.1　针对人工智能的专项法律

2018 年,美国加州在其《商业与职业法》(California Business and Professions Code)中新增了第 17941 条,根据该条款,机器人在与人在线交流时,不得出于商业盈利或操控选举的目的隐瞒其机器人身份。企业在使用机器人时应及时告知用户,以免承担法律责任。值得注意的是,该条款把机器人定义为一个可以自动生成内容或自我主导行为的在线工具。理论上来说,如果一个机器人不具备自动生成内容或主导行为的能力,企业在使用它时也必须告知用户。但该条款主要针对由人工智能驱动的机器人,因为人类更容易被具有人工智能的机器人所欺骗。法律界普遍认为,加州的这项法律是首批专门针对人工智能的法律之一。

2020 年,美国联邦政府颁布了《国家人工智能倡议法案》(National AI Initiative Act),以加快人工智能的研究和应用,促进社会的繁荣和安全。虽然该法案不直接管辖私有企业和组织,但私企可能会在作为政府承包商或供应商时,间接受到该法案的管辖。该法案一出,美国各州政府也纷纷效仿。例如,康涅狄格州颁布了关于人工智能、自动化决策和个人数据隐私的《公共法案 23-16》,该法案于 2023 年 7 月 1 日正式生效。根据该法案,康涅狄格州的行政服务部须在 2023 年 12 月 31 日之前发布一个清单,列明全部州立机构所使用的具有人工智能的系统。该清单须包含各系统的名称和供应商(如有);描述系统的能力和用途;说明系统是否被赋予独立作出决定或判断的权利(包括为州立机构的决策提供信息或实质性支持),以及系统在运行前是否经过专业的影响评估。

自 2023 年 1 月 1 日起,美国纽约市开始正式实施关于自动化就业决策工具的监管法案。该法案规定,使用自动化就业决策工具的雇主须评估此工具是否会基于个体的性别、种族或民族进行歧视和差别对待。在该法案中,自动化就业决策工具的定义十分广泛,除了人工智能,一些统计建模、数据分析的非人工智能工具也包括其中。但是,与非人工智能的工具相比,由人工智能驱动的工具会带来更大的挑战与风险,因为开发者目前还无法准确预测、解释或控制人工智能的生成内容。因此,纽约市的这项法律也被认为是早期的、专门针对人工智能的一项法律。

自 2023 年 8 月 15 日起,中国政府在现有多项法律基础之上施行《生成式人工智能服务管理暂行办法》。生成式人工智能技术涵盖可以生成文本、图片、音频、视频等多种内容的模型和相关技术。对于从事生成式人工智能服务的提供商和用户,这项暂行办法明确了现行法律中他们必须遵循的相关合规责任。

然而,截至 2023 年年底,还没有一个国家颁布了直接被称为"人工智能法"的法律法规,用以具体规定个人、企业或研究机构该如何开发、提供或使用人工智能。与此同时,人工智能企业已经向公众发出警告,人工智能的发展会带来严重的风险。部分企业首席执行官和计算机学者要求企业和研究机构暂停对人工智能项目的进一步开发部署,并要求政府对人工智能进行监管。行业领导者和科研人员的这些行为与他们过去反对政府监管新技术的态度形成鲜明对比，这可能会推动人工智能的监管走向新的道路。

世界各地的议员们也正陆续宣布针对人工智能的专项立法计划。欧盟委员会在2021年提出了长达100多页的《欧盟人工智能法案》草案。起初，一些企业曾考虑先发制人，根据该草案来提前规划企业在人工智能方面的法律合规工作。然而，当欧洲议会在2023年7月对草案提出了700多条修正案后，企业开始对遵守该草案的实际用处提出了质疑，特别是考虑到草案中的许多定义和合规要求仍然悬而未决。该草案也因没有解决人工智能在应用中的实际问题而受到了广泛的批评。有人调侃说，早起的鸟儿有虫吃，但谁会喜欢虫子呢？虽然说企业应该实时关注人工智能新法的立法进展，但企业合规的首要目标一定是遵守现有的法律，不能因为过分关注还未出台的新法而本末倒置。

1.2 产品安全法、侵权法和刑法

政府通过制定各种法律来保护公民免受生命和健康方面的威胁。这些法律禁止故意或过失伤人、参与法律中列明的危险活动，以及销售或使用有害产品。违反法律的个人和企业将会被强制禁止其违法行为，并受到各种处罚，包括监禁、罚款、惩罚性赔偿和补偿性赔偿。当受害者死亡或受伤时，执法机构和法院会根据客观因果关系、行为责任和主观过失程度进行综合分析，决定由谁来承担责任，以及应附加怎样的处罚。

例如，在交通事故中，驾驶员、汽车制造商等多方通常都会在一定程度上共同导致事故的发生，包括可能超速的驾驶员、分散驾驶员注意力的乘客、选择廉价刹车片的汽车制造商、没有定期保养的车主、让驾驶员过量饮酒的酒吧服务员、让狗冲到街上的狗主人或是不当设立广告牌而影响驾驶员视线的商家。为了防范事故的发生，几十年来，立法者制定了许多关于个人责任和义务的法律法规，涉及汽车安全性能、汽车保养、驾驶行为、酒类销售和消费、动物管理和路边广告等。同时,在人为导致的事故中,法院也制定了分配个体责任的规则。比如,如果汽车刹车的性能符合规范,且不存在设计缺陷,汽车制造商一般不会为事故担责,而车主可能要为其没有及时刹车而造成的伤害承担民事责任。在很多国家,车主必须购买强制性汽车责任保险,以覆盖对第三方造成的财产和人身伤害,确保受害者能够获得损害赔偿。对于醉酒驾驶者造成的事故,酒吧一般不承担责任,除非酒吧服务员诱导驾驶者酒后驾车,或有充分理由预见并阻止醉酒驾驶。宠物主人对宠物造成的损害要承担严格责任,但通常不会被刑事起诉。

为了确定这些分配个体责任的规则该如何适用于人工智能,法官可能会运用类比的方式,并评估律师们提出的各种论点,时间将证明这些论点是否能够被采纳。例如,在自动驾驶或半自动驾驶汽车中,坐在驾驶座上的人可能不会自动承担传统驾驶员的责任。如果车载人工智能因为无法区分白墙和地平线上的白云而导致汽车撞墙,制造商可能会被追究严格责任。也许,日后被强制买车险的对象将不再是车主,而是汽车制造商,因为事故的风险将不再取决于车主或人类驾驶员,而是主要取决于汽车中的人工智能。然而,对于涉及多重因素的事故,想要将全部责任归咎于汽车制造商需要新的法律框架支持。根据我的定义,没有人能够准确预测、解释或控制人工智能的运行,这与调查人员能够在确定性系统(非人工智能系统)中准确地发现程序错误的情形不同。即使调查人员没能在确定性系统中发现程序错误,他们往往也可以找出导致事故发生的外在因素,这一点在调查人工智能系统导致的事故时很难办到。

在没有新法针对人工智能的背景下,法院可能会倾向于让人工智能所有者对由人工智能造成的财产损害和人身伤害承担严格责任,这种做法与法院过去对车主和宠物主人施加严格责任的策略类似。因此,对于拥有自动驾驶汽车、机器人或其他人工智能产品的个人或企业,一旦把人工智能投入服务,就必须做好为人工智能造成的损害承担严格责任的准备。为了应对人工智能对第三方造成的潜在伤害，人工智能的所有者应考虑投保责任保险，或向人工智能的供应商索赔，这将在本书第五章中进一步探讨。若产品风险主要源自人工智能而非人为操作，立法机构可能要求人工智能的提供商为其产品投保。2022年，欧盟委员会公布了《人工智能责任指令》（EU AI Liability Directive），该指令将非合同类的民事责任应用于人工智能，并对《欧盟人工智能法案》的草案进行了补充。为了缓解被人工智能所伤害一方的举证困难，该指令规定，在特定情况下，若受害方能够证明人工智能提供商未遵守某些法律义务，则法院应假定伤害是由提供商的疏忽造成的（提供商有机会反驳这种因果关系的推定）。

在处理涉及刑事责任和惩罚性赔偿的案件时，法院通常采取多种惩罚措施，旨在惩戒有罪之人、预防再犯、遏制公众模仿犯罪行为、通过监禁限制罪犯活动，并助力罪犯重融社会。人类可以受到惩罚，而人工智能却不能。如果企业使用的人工智能犯下过错，对其追加刑事责任和惩罚性赔偿可能效果有限，除非法院让未经充分测试就部署人工智能的相关人员承担刑事责任。近年来，人工智能已经出现在刑事诉讼中。在2015年的一起反垄断案件中，美国司法部指控一家电商企业及其负责人通过算法操纵商品价格。被告通过算法与竞争对手的算法统筹协调，以统一商品价格，避免陷入价格战。案件以被告认罪并缴纳2万美元罚金而告终。虽然不清楚被告的算法是否符合我们对人工智能的定义，但现如今，由人工智能驱动的定价算法在市场上并不罕见。若此类算法涉及非法价格操纵行为，企业高层、开发者或运营商可能须对此负法律责任。因此，企业必须意识到这种风险，并采取相应的合规措施。

企业须对人工智能进行风险评估，以确定潜在的危害，并制定风险防范措施。开展风险评估的主要目标是防止危害的产生，次要目标是帮助企业更好地应对潜在的法律责任。正如一个完善的合规计划可以帮助企业降低由员工的不当行为而引发的法律责任，同理，如果企业能按照本书第二章和第三章的建议,实施强有力的合规计划,那企业也可以降低人工智能带来的风险。如果企业能识别并降低人工智能可知的风险,就能更好地应对潜在的法律问责。基于本书第四章中提出的风险评估建议,企业可以了解如何降低人工智能带来的风险。此外,如本书第五章和第六章所述,企业还可以通过对人工智能用户和第三方进行提醒,来降低人工智能使用中所产生的风险。通过这些防御措施,企业至少能够合理地将部分风险从开发者和提供商一方转移到使用者一方。

1.3 财产权法

在大多数社会和法律体系中,个人可以拥有土地、动物、有形的商品和无形的知识产权。政府将财产权分配给个人,以鼓励个人参与有利于公众的行为。例如,农民若能依靠不动产法阻止外人进入其农田,则会更倾向于投入时间和资源去种植和饲养动物。如果制造商和经销商能够阻止他人盗版自己的产品,则更有动力投资于产品的制造和销售。如果作者和发明者能够阻止他人抄袭自己的作品或无偿使用自己的发明,则更愿意去创作和发明。这些食物、产品、创意作品和发明的产生都会让社会受益。此外,劳动分工使工人能够专业化,进一步推动了经济发展。

为了维护公共利益与个人财产权之间的平衡,立法者通过各种法律法规仔细调节赋予财产权者的排他性权利,以防这些权利被用于损害他人利益。限制财产权的措施包括但不限于:

- 有偿征收(eminent domain):允许国家在支付补偿金的前提下征用土地以修建公路、铁路、水坝和其他公共设施;
- 邻近土地所有者的通行权和出入权(right of way or access):保证人们能够通过或进入某些土地区域;
- 权利耗尽原则(exhaustion doctrine),又称首次销售原则(first sale

doctrine)：允许买方转售作品的合法复制品、注册商标的商品或专利产品；

- 合理使用原则（fair use doctrine）：允许公众为创作新的作品而复制受著作权保护的作品，条件是不对原作的市场造成不当影响；
- 强制许可（mandatory licensing schemes）：例如，在公共卫生危机预防中，要求药品生产商以合理且公众负担得起的价格向公众提供药品。

在涉及人工智能的案件中，立法机构、法院和执业律师必须重新考虑如何平衡财产权与公众权利。由于人工智能的运行具有很大的自主性，而且其开发者无法准确预测、解释或控制人工智能生成的内容，立法者和法官很难对人工智能所生成内容在法律上定性。这些生成内容到底是人工智能训练数据的非法复制品，还是训练数据的衍生作品（依照合理使用原则），或是由用户授权的衍生作品，再或是由开发者或用户原创的新作品？目前，开源代码程序员、作家、艺术家、喜剧演员和其他创作者，以及在线服务平台的运营商已经对多个人工智能开发者提起了大量诉讼。他们指控开发者未经授权就擅自获取数据内容来训练人工智能，侵犯了数据内容所有人的财产权；而这些被训练出来的人工智能越来越有能力取代数据内容本身的创作者，并与在线服务平台竞争。因此，企业在开发、提供和使用人工智能时必须谨慎考虑其侵害他人财产权的风险。

1.3.1 人工智能及其输入和输出的所有权

与其他技术一样，人工智能的开发者可以获得人工智能技术或产品的著作权、专利和其他知识产权。但是，开发者通常不会获得人工智能所输出内容的财产权，包括知识产权，除非开发者能证明他们自己亲自发明或撰写了人工智能生成的内容。通常情况下，由于人工智能系统的自主性和不可预测性，开发者不能要求自己对人工智能的输出享有发明权或著作权。相比之下，对于确定性系统（非人工智能系统），开发者往往可以证明自己与系统的输出有更为密切的联系，因为开发者可以预测、解释和控制系统生成的内容。

某些输出的功能性或实用性太强，不符合申请著作权的资格。同时，因为这些内容缺乏新颖性或创造性，也不符合专利保护的条件。以计算器为例，由于其开发者预设的各种计算场景下的数字显示结果直接源自数学原理，因而计算器的输出不符合著作权保护的要求。相比之下，电子游戏中开发者为角色和背景而创作的艺术作品则通常享有著作权保护。对于文字处理软件，其独特且具创意的用户界面可以受到著作权的保护。然而，对于用户使用该软件创作的文档内容，其著作权归用户所有，因为软件仅提供了创作的工具或平台，而非直接参与内容的创造。在这些确定性系统中，系统的输出可以被开发者或用户的行为直接解释，这相对简化了著作权的分配问题。

如果用户向人工智能发出的指令或输入的内容足够新颖，那用户可以拥有其指令或输入内容的著作权，甚至可能是专利。但是，与人工智能的开发者一样，用户通常也不能获得人工智能生成内容的著作权或专利，因为用户对人工智能输出内容的创造性或实用性贡献通常较小。此外，当用户向确定性系统发出指令后，用户往往可以预测、解释或控制系统的回应（例如，在用户打字后，文字处理软件会相应地输出文本）。相比之下，用户在向人工智能发出指令后，往往无法预测、解释或控制人工智能会做出怎样的应答。因此，在大多数情况下，我们可以默认人工智能的输出不能获得著作权、专利或其他知识产权保护。此规则不是没有例外。2023 年 11 月，中国北京互联网法院对人工智能生成的图片授予了著作权保护。法院认为，用户在指示人工智能生成图片时投入了足够的创造性，因此满足了著作权保护的原创性"门槛"。其他法域的一些法院则认为，提供指令本身不足以支持用户对输出内容提出著作权或共同著作权的主张，用户对计算机辅助创作的作品是否有创造性的贡献要具体情况具体分析。

法院很可能会持这样一种观点：将知识产权授予由人工智能创作的作品，并不符合知识产权法为了激励人类为社会公共利益做出创新贡献的立法宗旨。美国的法院、著作权局和专利和商标局已经否定了由猴子拍摄的照片以及由人工智能生成的作品享有著作权或专利的保护。根据美国宪法和知识产权法,人类的发明创作可以受专利、著作权和其他知识产权保护。这样的法律框架允许知识产权持有人通过有偿许可或严禁他人使用、销售或复制其发明创作来获得经济利益。这种激励机制的设计旨在鼓励个人或组织为社会贡献更多的创新和发展,正如通过土地产权激励土地的开发和耕种,通过财产权激励商品的制造一样。同理,为了激励人工智能的开发,开发者可以获得其开发的人工智能技术或产品的知识产权。

然而,对于由人工智能生成的作品,给予人工智能的提供商或用户这些作品的知识产权则没有任何激励价值。机器不需要法律激励,也不会从法律激励中受益。提供商主要负责保持人工智能系统的运行、连接和安全,对于由人工智能生成的作品,提供商并没有提供太多的创新价值。用户向人工智能输入的指令可能会带有一些创意元素,但是这些元素对人工智能最终生成作品的贡献通常较小。即使人工智能生成的作品有创新的价值,用户并不是这些创新价值的主要贡献者。因此,立法者可能认为,无须修改现有的知识产权法体系来保护人工智能的输出。如前所述,人工智能的开发者对于其开发的技术或产品本身可以获得知识产权,对于立法者而言,这种安排可能已经足够满足激励创新的立法宗旨。

1.3.2 侵权

在开发和使用人工智能时,开发者和使用者可能会侵犯他人的知识产权。例如,当开发者从网站上复制文本、图像和其他作品来创建机器学习的训练数据集时,除非开发者获得许可,或其行为满足著作权法列出的某项特例,否则开发者就会侵犯被复制作品的著作权。此外,用户给人工智能发出的指令也可能会导致人工智能生成侵权的内容。比如,用户在人工智能系统中输入一段受著作权保护的文本,要求人工智能翻译该文本;又或是用户要求人工智能仿照某在世作家的风格或作品,创作一首诗或一幅画。对于用户造成的侵权行为,人工智能的提供商可能要承担连带辅助责任(contributory liability)或转承责任(vicarious liability)。如果人工智能生成的作品和开发者用以训练人工智能的数据集过于相似,而数据集的内容又受著作权的保护,开发者和提供商也可能要承担著作权侵权责任。

当人工智能生成的内容和某个受著作权保护的作品过分相似时,这个作品的权益人可以提起著作权诉讼,前提是权益人能够证明被告方有获取、接触其作品的能力。如果这个作品是已经被开源的代码,或早已被广泛传播,那权益人便能轻松地满足这个前提。人工智能的开发者想要找到好的方法来应对此类诉讼会很困难,因为开发者无法将人工智能生成的内容归功于自己的创造力,同时开发者也无法用其他的方法解释为什么人工智能生成的内容会与受著作权保护的作品如此相似。如前文所述,开发者自己也无法预测、解释和控制人工智能生成的内容。

如若被诉,人工智能开发者可以根据美国著作权法中的合理使用原则或其他法域的类似原则(如中华人民共和国著作权法第24条中列出的13种情况)进行抗辩。根据这些法律,创作者往往可以在未获得许可的情况下,有限地复制和改编受著作权保护的作品,以实现新闻报道、教学和研究等公益目的。在美国,如果创作者对某一受著作权保护的作品做出质的改变后完成的新作品(transformative work),没有损害原作品的市场份额,那么根据合理使用原则,新作品不侵犯原作品的著作权。但是,由于人工智能生成的作品往往缺乏人类的创造性,法院可能会将人工智能比作一台精密的复印机,其生成的作品不具备高度创造性,不带来质的改变。艺术家们曾公开抱怨称,人工智能生成的作品被用来代替他们的作品,损害了他们作品的市场前景。此外,人工智能的开发和使用往往带有营利目的。这些种种因素都使合理使用原则不适用于人工智能。因此,人工智能的开发如果要用到受著作权保护的材料,那开发者必须获得著作权权益人的许可。也许是考虑到现行的知识产权法对人工智能不太友好,日本于2019年修订了日本著作权法第30条,允许开发者出于数据提取和技术开发目的,复制受著作权保护的作品。这似乎是为了给机器学习创造更好的法律环境。

1.3.3　开源代码许可条款

开源代码对企业来说既是机遇,又是法律合规的挑战,因为任何人都可以获取开源代码,而人们往往会忽略,使用开源代码也须遵守其许可条款。由于开源代码比未开源的代码更容易获取,人工智能的开发者常常会把开源代码作为训练人工智能的数据。比起开源,大多数企业还是会选择将软件的代码保留在企业内部,并通过远程的方式向用户提供服务(比如云服务)。人工智能的开发者除非获得企业的明确许可,否则无法访问这些没有开源的代码。如果企业还是用磁盘等设备向用户提供软件,那磁盘上通常只有软件的目标代码。目标代码由 0 和 1 这两种数字组成,人类无法读懂,对训练人工智能的作用也很小。相比于这些没有开源的代码,人工智能的开发者可以轻松地在 Github、Gitlab 等网站上找到大量的开源代码作为训练人工智能的数据,并且开源代码都是免费的,任何人都可以使用。

在开源代码的许可条款中,开源代码的著作权人允许任何人去复制、改编或分发其代码,但他们也会对开源代码的使用施加少量限制。比如,当使用者复制原代码或创作衍生作品时,须在复制或衍生品中标注原代码作者的身份,并附上与原代码相同的许可条款。此外,如果开源代码的许可采用的是"通用公共许可证"(General Public License,GPL)或类似条款,那么一旦使用者基于开源代码创作了任何衍生作品,使用者也必须将衍生作品的源代码公布给大众(也就是说,使用者必须将其创作的衍生作品开源)。程序员通过这些开源代码的许可模式,来抵消著作权法对软件开发和创新的限制。几十年前,计算机软件首次在法律上得到著作权的保护。从那以后,企业为了避免支付许可费,往往不想使用受他人著作权保护的代码。著作权法规定,独立创作的作品即使和受著作权保护的作品相似,也不算侵权。因此,企业有时会"从零开始"开发新软件,这样他们就可以证明自己的软件没有复制并侵权类似的软件。然而这种从零开始的开发模式并不受程序员的喜爱:程序员们的大部分时间都要花在从头去写他人已经写过的代码上,而无法专注于解决尖端的科技问题,并进一步开发和改进目前的最新技术。

  为了扭转著作权法带来的负面影响,程序员们开始传播"著佐权"(copyleft)的思想,并设计了开源代码的许可条款,使软件摆脱著作权的束缚。其中,自由软件基金会推动了"自由软件"的传播。自由软件使用 GPL 或类似条款(使用者必须将其创作的衍生作品开源),试图替代并最终消除那些限制用户使用自由的商业软件。为了实现这一目标,自由软件的传播者采用了著作权法中的执行机制:任何使用 GPL 发布软件的著作权人,会要求他人对该软件的任何新版本也必须使用 GPL,并对违反 GPL 者提起侵权诉讼。如果一个人没有遵守软件的许可协议就发布软件,法律上会被认定为没有获得著作权人的有效授权,因此也就构成了侵权。开源软件和著佐权的兴起激励程序员为软件的开发投入时间和精力。他们不断地完善开源代码的许可条款,并在就职的企业内提倡开源代码的使用。开源代码的兴起也帮助企业调整其商业模式,大大提升软件开发的生产力。

  一些人工智能开发者和提供商曾因开源代码而被起诉。这些诉讼称人工智能生成的作品包含了开源代码,但是并没有遵守开源代码的许可条款,从而侵犯了这些开源代码的著作权。在著作权诉讼中,原告必须证明:(1)涉嫌侵权的作品与被侵权的作品相似;(2)原告拥有被侵权作品的著作权;(3)被告有机会接触到被侵权的作品。对于开源代码而言,它们往往是由众多网络贡献者一起创作的,因此网络贡献者们也共享开源代码的著作权。人工智能的开发者、提供商和用户在面对此类诉讼时处境尤其困难。他们也无法准确预测、解释或控制人工智能会生成什么作品,因此很难用除了侵权以外的其他原因去解释,为什么人工智能输出的内容会和某些开源代码如此相似。此外,人工智能开发者和用户也很难用合理使用原则进行抗辩,因为他们无法指出人类的创造力为人工智能生成的作品带来了何种质的创新。的确,开发人工智能本身需要大量的人类创造力,但是在法院看来,开发人工智能需要创造力并不代表人工智能所生成的作品也有创造性。这就像虽然发明复印机本身需要创造力,但是这不代表复印机所复印出来的作品都有创造性。

为了防止侵权,用户可以使用 Black Duck、Gitlab 或 Github 等软件工具来筛查人工智能生成的内容是否包含开源代码。一旦用户发现了与人工智能生成内容极为相似的开源代码,用户须遵守这些开源代码的许可条款。在某些情况下,人工智能生成内容中的开源代码会牵涉多项许可条款,而这些条款彼此并不兼容。这种情况该如何处理?对于大多数开源代码来说,其著作权人会认可用户为遵守许可条款而做出的努力。如果用户已经尽全力遵守开源规则,即使不能百分之百地满足开源代码许可中的所有条款,也应该能够大大降低被著作权人提出侵权索赔的风险。

在开源代码方面,人工智能开发者必须考虑的另一个问题是,他们是否要向大众公布人工智能算法的底层代码,以及算法所用的权重和相应的机器学习技术细节。在反对的声音中,除了经济和市场竞争方面的考虑,一些人还提到了开源人工智能代码会带来的社会安全隐患。他们指出,犯罪分子和恐怖组织可能会用人工智能来危害社会安全。如果人工智能被不当部署,也会产生多重意外风险,详见本书第四章。然而社会上也不乏有支持开源人工智能的声音。支持者认为,开源人工智能可以更有效地保护人类免受少数坏势力的威胁。为了平衡风险,一些组织建议只开源旧版本的人工智能,同时将最先进版本的详细信息进行保密。

1.3.4 计算机干扰和非法侵入

开发者常常使用网络爬虫、机器人和"抓取"技术来自动访问网站,获取网站中的数据内容。这些获取的数据常被用于开发搜索引擎,或是用作机器学习的训练数据。可是,除非被抓取的网站在使用条款中明示或默示开发者可以自动访问网站并下载数据,开发者的抓取行为可能会违反著作权法、非法侵入法和美国《计算机欺诈和滥用法》(Computer Fraud and Abuse Act, CFAA)。每个网站的使用条款对于抓取技术的态度不一。例如,在维基媒体基金会的允许下,开发者可以自由抓取维基百科上的内容,而有些网站则明令禁止抓取行为,因为这些网站的商业模式依赖于网络流量。许多企业既不明令禁止,也不明确允许抓取行为。

企业抓取数据的行为如此普遍,以至于美国执业律师协会(Practising Law Institute, PLI)在2014年就此议题举办了一场会议,名为"人人都在做,但合法吗?谈网络抓取和在线数据采集"。许多企业一方面抱怨自己的数据被别人抓取,另一方面又从他人的网站上抓取数据。他们使用自动化的软件脚本从网站上收集文本、图像和其他数据,并通常把抓取的数据用于商业目的。其实,不是所有的抓取行为都是不受欢迎的。大多数企业欢迎搜索引擎来抓取自己网站的数据,以确保用户能通过搜索引擎轻松找到自己的网站。但与此同时,企业也会保护自己的网站不被其他人抓取数据和深度链接,以防用户绕过门户网站及其广告,对其商业利益造成不利影响。

分类广告网站、电子商务平台、房地产网站和社交媒体公司都曾以CFAA等多项法律为依据,起诉竞争对手及其服务提供商抓取其网站数据的行为。在大多数案件中,如果原告能够证明他们在网站使用条款中明确禁止抓取行为,并采用技术措施阻止抓取(包括在元数据中添加爬虫协议、要求用户注册,以及使用验证码以防机器人访问等),那原告的胜算通常很大。在某些案件中,法院要求原告在提起诉讼前对抓取数据者发出明确警告。在现实中,企业也的确经常对已识别身份的非法抓取者发出警告。

2017年,美国加州的一家法院审理了一起涉及某知名社交媒体公司和某数据抓取公司的案件。其中,社交媒体公司试图制止数据抓取公司在未经授权和未支付费用的情况下,抓取社交媒体上用户个人数据的行为。然而,法院在反复平衡社交媒体的利益和公众获取数据的权利后,裁定社交媒体公司须停止对数据抓取公司的限制。经过多次上诉,社交媒体公司似乎在这场持续不断的法律纠纷中略占上风,但各级法院判决的分歧也让许多人工智能开发者开始更加大胆地抓取网络数据。开发者可能已经意识到,请求(法院的)原谅比请求(数据所有者的)许可更加容易。2023 年,根据 CFAA 和非法入侵法,美国许多代表原告方的律所开始对人工智能的开发者发起大量集体诉讼。同时,大型出版商和社交媒体平台也纷纷表示,希望人工智能的开发者在今后能付费访问自己的数据。在此趋势下,开发者应当采取合理的开发流程,避免违反其他企业的网站使用条款,在未经许可的情况下访问他人的网站及设备。

同时,企业须权衡是否支持或反对他人从自己的网站上抓取信息。为此,企业可通过更新网站的使用条款、部署反抓取技术措施,以及制定具体的许可条款来限制信息抓取行为。此外,一旦企业选择有偿对外提供数据,就必须综合考虑其所涉及的各项权利问题。

1.3.5 数据权

不同于著作权和与计算机相关的知识产权,人工智能开发者不必过分关注数据本身的产权问题,因为数据本身并不属于任何人。从财产权法的视角出发,与个人相关的数据并不构成该个人的财产。虽然数据对企业来说可能极具价值,但在多数法域,为了鼓励信息和言论自由,事实和信息通常不受财产权法的保护。

在某种程度上,企业能够利用不正当竞争法和财产权法来保护自己的数据库不被他人未经授权地复制和使用,这包括避免对数据库的全盘抄袭和部分摘录。在欧盟以及除美国以外的大部分法域,数据库的创建者对其数据库有一定的所有权。而在美国,虽然数据库的所有者理论上可以依据不公平竞争法和各州的法律对数据盗用行为提起诉讼,但是联邦法院往往会基于美国著作权法第102(b)条拒绝提供保护。该条款规定,著作权保护不适用于思想、程序、流程、系统、操作方法、概念、原则或发现,通常也不包括纯粹的事实数据。人工智能开发者在使用数据库时,应保持谨慎并尊重数据库所有者的合法权益。

数据经纪人和人工智能开发者必须仔细考量数据所带来的权利问题,以及是否应向数据供应商提供经济补偿。网站运营商获取数据的来源多种多样,其渠道包括员工、独立承包商、企业服务提供商和数据经纪人,还包括发布用户生成内容的个体创作者和在使用网站时提供个人信息的消费者。根据CCPA,如果企业在收集消费者个人信息时,向消费者提供经济奖励(如发放会员福利或提供免费服务),那么企业必须向消费者发布一个经济奖励通知,在通知中披露个人信息的价值,并向消费者提供不出售个人信息的选择。在美国加州和佛蒙特州,买卖和转售个人信息的数据经纪人必须向当局注册,并遵守相应的信息披露要求。如果企业从数据经纪人那里购买个人信息数据,那么企业不仅要考虑其使用数据的目的是否合理必要,而且要考虑其使用目的是否和数据经纪人收集数据时向数据主体表达的目的相符。如果不相符,那企业必须确保数据经纪人已就新的数据使用目的(如开发人工智能)获得数据主体的知情同意。如果企业一边从数据供应商手中购买数据,一边又在未经授权或未付费的情况下从其他网站上抓取数据,那么被抓取数据的网站可能会根据企业付给数据供应商的价格,对企业提起诉讼索赔。

1.4 商业秘密、保密性和安全性

根据商业秘密法,企业可以保护专有技术、客户名单和其他机密信息免遭竞争对手的不正当盗用,条件是企业必须采取适当的保密措施,并且这些信息的保密为企业带来了独立的经济价值。如果开发者对其算法、代码、权重、训练数据、机器学习、强化训练方法和其他专有技术保密,则这些资料可以受到商业秘密法的保护。同样，如果开发者、提供商和用户能够对人工智能产生的内容保密，这部分内容也可以依商业秘密法防止被不当利用。在实际操作中，如果开发者和提供商在人工智能的开发和运行中严格执行保密流程，那援引商业秘密法的保护也会更加容易。相反，如果人工智能提供商已经向公众开放了人工智能的使用权，那么无论是提供商还是用户往往都不能就人工智能生成的内容援引商业秘密法的保护。

作为人工智能用户，必须仔细考虑是否要在第三方提供的人工智能服务中输入自己的机密信息。如果该人工智能可以不断学习用户输入的信息，并内化到自己的程序当中，那其他用户可能会获得这些机密信息，而这些信息可能就不再符合被商业秘密法保护的条件。例如，假设汽车制造商使用某人工智能设计新车，并向人工智能提交自己开发的设计或材料信息。汽车制造商的竞争对手也可能使用同一个人工智能设计新车，且人工智能可能会在回答竞争对手的指令时输出汽车制造商的机密信息。诚然，泄密的风险不只存在于人工智能中。如果汽车制造商将设计工作外包给第三方的咨询公司，也存在泄密的风险。但是至少咨询公司能够通过员工培训以及签署保密协议和竞业禁止协议来缓解这些担忧。相比之下，用户可能要更加关注人工智能的泄密风险，因为就连开发者也无法预测、解释或控制人工智能所生成的内容。

数据安全要求不仅见于商业秘密相关的法律法规和保密协议中，也体现在隐私法和数据保护法规（如 GDPR）之中，这一点将在本章第 1.8 部分详细探讨。全盘考虑所有安全要求至关重要，因为无论是商业秘密的保护还是个人数据的安全，其核心目标都是阻止对信息未经授权的访问。因此，企业所采取的许多防护措施在本质上是一致的。企业应该结合技术安全措施，统一地保护商业秘密、机密信息和个人数据免受安全威胁，而不应在组织内部通过不同团队或分散的流程执行保密方案。

企业在起草合同和设计牵涉隐私、商业秘密和数据保护的章程时，应明晰各国法律的不同之处。根据美国隐私法,企业必须尊重个人对隐私保护的合理期望,并遵守相应的法规,但这些法规往往不适用于已经公开且不影响个人合理隐私期望的信息。如果企业采取合理的安全手段,可以将任何有价值的信息作为商业秘密进行保护,但一旦信息被公开传播,保护也随之终止。相比美国,欧洲有关数据处理的法规更进一步,甚至适用于已经公开的个人数据。对于不同法域的法律法规,律师应在合同中区分对待。比如,企业所签订的保密条款通常会规定,保密事项不适用于各方独立开发的信息、已在公共领域的信息以及被执法机关要求披露的信息。但是,由于欧洲法规所覆盖的数据信息范围更广,企业须确保这些以往常常被剔除的信息现在也要受保密条款保护。在遵守商业秘密法和合同保密义务的基础上,企业必须确保其数据处理流程符合相关法律法规的要求。

在过去,大多数法律和合同条款只是规定了一般性的数据保护标准,合同双方不必在合同中列明具体的保障措施。然而,自 2002 年美国加州实施全球首个数据安全违规通知法以来,这种情况逐渐发生了变化。继加州之后,其他法域纷纷效仿,世界各地的企业开始大规模报告安全违规事件。从那时起,企业和立法者开始推行非常具体的技术、管理和组织数据安全措施(technical and organizational measures,TOMs),以确保企业更有效地排查安全漏洞,保护消费者、员工和其他个体的数据隐私。大多数企业认为,这些具体的安全措施对保护机密信息和商业秘密同样有帮助。

1.5　反歧视

对于确定性系统(非人工智能系统)的开发者而言,遵守反歧视法相对容易。比如,一个信用评分或求职申请软件的开发者可以通过编程使系统忽略申请人的种族、性别和其他法律上规定不得考虑的因素,从而满足反歧视法的要求。有时,一些间接的因素(如申请者的姓名或语言)也可以用以推导出申请者的种族背景,从而违反反歧视法。即使在确定性系统当中,企业要确保系统完全忽略这些间接因素也有一定难度。但至少对于确定性系统,企业可以通过充分的规划和培训将违法的风险降到最低。

然而,人工智能为合规带来了新挑战。人工智能的一个根本问题在于系统运行的高度自主性,其开发者无法预测、解释或控制人工智能的输出。假设企业所用的人工智能系统拒绝了一名少数族裔的贷款或求职申请,且这名少数族裔申请者对人工智能的决定提出质疑。如果申请者可以证明该人工智能系统比其他现有的系统拒绝了更多的少数族裔申请者,该企业将处于不利境地,因为企业很难证明人工智能没有把种族等法律上不允许考虑的因素用于衡量申请者。在最近的一个案例中,美国平等就业机会委员会对一家教育培训机构进行了罚款,原因是该机构使用的招聘软件歧视了年龄较大的求职者。应聘者提交真实年龄时,该软件拒绝了他们的申请,但是当他们仅改小年龄再申请时(其他申请信息完全相同),该软件就接受了申请。

如果人工智能的使用者仅基于历史数据和统计学理论来断定某些种族、性别或年龄群体的申请者具有更高的违约风险,法院可能会对这种做法作出不利判断。这是因为,个人的种族、性别和年龄与违约概率之间的关联往往源于历史歧视。为了纠正这种历史遗留问题,政府明确禁止在信贷等决策过程中基于种族、性别或年龄等因素作出判断。企业有责任通过培训员工并遵循相应的规定和协议来消除潜在的无意识歧视。在开发人工智能应用时,开发者要慎重选择训练数据和方法,以避免违反反歧视法规。此外,开发者还必须持续监测人工智能做出的决策,确保这些决策在统计学上不呈现任何形式的偏见。

1.6 隐私与诽谤

绝大多数人认为自己拥有不被干扰或诽谤的权利,这种权利往往针对其他人类。毕竟，很少有人会在意一只苍蝇偷看他们更衣，或是一只海鸥对他们持有何种看法。同样地，当涉及人工智能、监控摄像头或其他机器设备的观察和记录时，人们一般不会对机器本身感到担忧。他们真正关心的是，其他人是否可能通过这些机器访问到他们的个人信息。例如，如果一台保姆摄像头不小心录制了周围环境，或者一个语音转换文本的应用程序错误地转录了某些话语，只要这些信息在其他任何人得以查看它们之前就被删除，大多数人可能不会感觉到自己的隐私或名誉遭到侵犯。

同理，如果人工智能输出了关于用户的不正确或冒犯性的信息，只要用户能确保没有其他人看到输出的内容，或者至少没有人会相信该内容的真实性，那么用户通常也不会感到自己的隐私或名誉受到侵犯。如果人工智能的输出显而易见地偏离事实，那它很难对个人的隐私权和名誉权构成实质性的伤害。例如，我们在使用通信软件时，自动更正（auto-correct）和自动建议（auto-suggest）功能有时会错误地修改我们的信息内容。但若接收方能立即意识到这些更改是软件的误操作，那么这类错误通常不会被当回事。同样，法律文件的初稿，若由实习生或助理编写，可能含有一些不准确之处。但只要所有人都明白这仅是草稿，且将在后续过程中得到修正和完善，那么这些初步的不准确表述也不会对任何人的隐私或名誉造成实际影响。

有些人对人工智能聊天机器人的输出提起了诉讼，称其诽谤或侵犯隐私，因为其他用户可能会收到类似的内容并误以为是事实。为了应对这类诉讼，人工智能的提供商须证明他们已经充分地告知用户，人工智能仅仅是基于计算机学中的概率方法生成了草稿文本。如果用户依赖人工智能生成的内容，甚至将其作为事实传播，那用户自身必须对内容进行核实和验证。反之，如果原告能证明人工智能生成的关于自己的内容已被其他用户当作事实对待，或者这些用户以影响原告隐私或名誉的方式传播了这些内容，那法院可能会追究用户的责任，也可能会根据辅助责任或转承责任的理论追究人工智能提供商和开发者的责任。例如，在 2012 年，一名原告向德国的法院成功申请到了针对一家搜索引擎的禁令。一般来说,搜索引擎通常会根据用户输入的关键词自动推荐一些相关的搜索词(自动完成功能)。该搜索引擎会在输入原告的姓名后推荐"妓女"作为相关的搜索词。搜索引擎一方辩称,自动完成功能是根据其他用户的搜索记录来推荐搜索词的,并不代表原告本人和妓女有任何关系。尽管如此,德国法院还是对搜索引擎下达了禁令,要求其重新配置自动完成功能,不再把类似的违规词语推荐给搜索原告姓名的用户。

如果自动完成功能不依赖于人工智能技术,那么搜索引擎提供商应该能够解释(而且用户也应当能够理解)搜索引擎为何会推荐特定的搜索词。同样,如果这一功能仅基于用户搜索各个词组的频率来设计,那么解释搜索引擎推荐的搜索词为何不具备绝对权威性对于提供商来说相对简单。然而,当自动完成功能由人工智能技术驱动时,向用户解释为何会推荐特定的相关搜索词可能变得复杂,因为即便是开发者也可能无法预测、解释或控制搜索引擎会推荐哪些词汇。人工智能的开发者和提供商应明确告知用户,人工智能生成内容具有局限性和不准确性。开发者和提供商应在人工智能的使用条款中对系统的准确性进行客观的描述,帮助用户了解人工智能生成内容的含义,以减少用户对人工智能可靠性的错误预期。人工智能提供商还应在合同中要求用户在依赖人工智能生成的内容或是将这些内容作为事实传播给他人前,必须要验证内容的真实性。

1.7 公开权

个人有权阻止自己的姓名和肖像被他人用于商业用途。比如,在使用某人的照片进行广告宣传前,企业必须获取该个体的明确同意。类似地,当开发者希望训练人工智能以模仿他人的个体特征时(如使用名人的声音制作有声书或用计算机创建与真人相像的电影角色),他们也必须事先获得相关个体的授权。然而,在使用图像、视频或音频训练人工智能以模仿广义上的人类行为时,如果该模仿行为未涉及任何特定个体的特征(模仿成果无法与任何具体个体直接关联),这样的模仿不太可能构成对个人公开权的侵犯。鉴于人工智能行为的不可预测性,开发者可能难以准确解释人工智能的输出为何会展现出类似特定个体的特征。因此,开发者应仔细测试和监控人工智能的输出,及早发现潜在的侵权隐患。

1.8　GDPR 和其他数据处理法规

对于人工智能的开发者、提供商和用户,如果在欧洲经济区(European Economic Area,EEA)、瑞士和英国(合称 EEA+)或其他采用 GDPR 的国家开展业务,则必须证明所有对个人数据处理活动的正当性。2016 年,GDPR 的问世使欧盟成员国的数据保护法律得以更新和统一。但 GDPR 远不仅是一部隐私保护法,它还保护了自然人的各种其他权利和自由。实际上,在 GDPR 冗长的前言和正文中,"隐私"一词甚至一次都没有出现过,看来一些评论家将 GDPR 称为"万物之法"是恰如其分的。在默认情况下,GDPR 禁止对个人数据进行任何处理,并且对"个人数据"和"处理"这两个术语的定义非常宽泛。即使开发者、提供商和用户对人工智能的应用不以个人数据为重点,也至少会在某种程度上被 GDPR 所涉及。

1.8.1　个人数据

个人数据是指与已识别或可识别的自然人(数据主体)有关的任何信息。例如,专利申请中的发明者是一个数据主体;如果用户在社交媒体上的匿名发帖被用作训练人工智能的数据,那该用户也是一个数据主体。根据 GDPR,当企业作为人工智能用户时,其自然人代表所用的用户名、登录信息,以及向人工智能提供的任何信息(如向人工智能输入的指令),都属于个人数据。人工智能提供商和用户也必须把这些数据当作个人数据来处理。至于存储在人工智能中的信息或人工智能所输出的信息是否构成个人数据,这取决于人工智能提供商和用户如何看待这些信息。以大语言模型为例,有一种理解方式是,大语言模型只是依据概率方法来生成文本,就像搜索引擎会自动补全用户的搜索语句一样。因此,大语言模型就像一本字典,其输出的文本就像是一个自动生成的文件初稿。用户应自行决定如何理解及是否采纳文件初稿所提供的建议。一般情况下,即使我们在字典中(或在由非专业的助手准备的文件初稿中)读到人名,我们也不会认为这些人名属于个人数据。同理,我们也应区别对待人工智能在不同场合下的输出。人工智能的提供商和用户应在如何理解人工智能的输出这一问题上达成一致,以便能准确地分配责任。

1.8.2 去标识化和合成数据

如果数据经过删节或聚合汇总后已经完全无法关联到具体个人(数据被匿名化),那么此数据则不再是个人数据。但是,有时数据仅仅是被加密(因此也能被解密还原),又或是数据的删节是可逆的、暂时性的、不完全的(数据仅被假匿名化,也称假名化)。虽然将数据假名化有时是法定要求并可以降低数据泄露的风险,但是一旦有人掌握了逆转假名化的密钥,就能重新识别数据主体。正因为假名化并没有真正地让数据实现匿名化,被假名化的数据通常仍然被当作数据保护法中的个人数据来对待。

但是,通过不可逆的数据聚合,开发者可以使数据不再受制于数据保护法的监管。例如,随机抽取1000名用户,提取关于其影视租赁习惯的信息,然后将这些信息整合浓缩为汇总数据。这些汇总数据(如20%的影视租赁者每月观影时间少于20个小时)就不再属于数据保护法中的个人数据,尽管关于个人租赁习惯的原始数据依然是个人数据。从理论上来说,删节也可以用于匿名化个人数据,使其不再受数据保护法的监管,如删去数据中的人名和其他可以用来识别个体的信息。但在实际操作中,通过删节来完全匿名化个人数据十分困难。如果删节后的数据仍然保留了可以用来识别个体的信息(如个人地址或出生日期),那么这种删节本质上是可逆的。被如此删节后的数据仍属于受 GDPR 保护的个人数据。可逆的删节和其他假名化的数据处理方式虽然并不能使数据脱离欧洲数据保护法的监管范围,但是也不失为保护数据安全的正当措施。

作为经验之谈,除非有充足的证据证明某数据不能用于识别个体(不能与任何可识别的个体关联),人工智能的开发者、提供商和用户都应把该数据当作个人数据来对待。为了规避隐私法对个人数据的使用限制,可以考虑对个人数据进行匿名化或"去标识化"(de-identification),并创建合成数据集,从而降低安全风险。从企业的角度来看,实现这些目标的一个具体方式是用不可逆的手段去删节数据中任何可用于识别个人身份的内容。例如,根据美国《健康保险流通与责任法案》(Health Insurance Portability and Accountability Act,HIPAA),企业必须从个体受保护的健康信息中移除特定的信息识别符(如姓名、电话、具体地理位置等)。企业也可以通过聘请统计学家来鉴定个人数据是否被充分地去标识化。然而,凡事都有利有弊。企业从数据中移除的信息越多,剩余数据对于机器学习、研究开发、精准医疗、营销和其他商业目的的价值就越低。

企业必须意识到,随着大数据的兴起和数据分析能力的提升,个人身份再次识别的风险也在稳步增加。一些企业声称自己的数据是完全匿名化的,但是他们匿名化数据的方式并不彻底。这些所谓的数据匿名化,从 GDPR、CCPA 等法律的角度看来,充其量只是数据假名化(假名化的数据仍受隐私法的监管)。因此,即使对于声称已经被匿名化的数据,人工智能开发者、提供商和用户也应仔细审查数据是否受隐私法的管辖。

1.8.3 公开可用数据

同为数据隐私保护法,CCPA 采纳了许多 GDPR 的原则。但与 GDPR 不同的是,如果数据可以被公开获取,便不属于 CCPA 所定义的个人信息,也就不受 CCPA 的任何限制(此规定来源于 2020 年的一项 CCPA 修正案)。因此,如果人工智能使用的数据是从公共网站上获取的,那开发者和相关企业则不必担心 CCPA 的监管,只要他们有合理依据去相信这些数据是以合法的方式被发布到网络上的。印度于 2023 年 8 月 11 日颁布了《数字个人数据保护法》。此法采取了与 CCPA 类似的做法,不仅将公开可用的数据排除于个人信息的保护范畴之外,而且允许基于特定的研究或统计目的,对必要的个人数据进行处理。此外,根据许多国家的法律,如果数据主体有意地公开其个人数据,则该数据不再受数据法的保护。

然而,GDPR 并没有规定公开可用的数据不再属于个人数据。根据 GDPR,即使数据已经可以在网上被公开获取,开发者也不得随意从网上搜刮这些数据,或将数据用于人工智能的训练。如果开发者想要这样做,必须得到数据主体的同意,或者找到其他数据处理的合法依据。因此,开发者普遍认为,适用 GDPR 的法域对于数据采集和人工智能的开发活动并不友好。

1.8.4 数据处理

根据 GDPR,对个人数据的"处理"包含对个人数据的任何操作,如收集、记录、整合、构建、存储、改编或更改、检索、查询、使用、排列组合、限制、删除、销毁,以及通过传输等各种方式提供。GDPR 规定,处理个人数据需要合法依据。如果人工智能开发者对受 GDPR 监管的个人数据进行汇总或去标识化,则开发者被认为是对该数据进行了"处理",开发者必须找到合法依据来证明其数据处理的合理性。

1.8.5 个人数据处理的限制

根据 GDPR 第 6(1)条和第 9(1)条,GDPR 禁止处理个人数据,除非对数据的处理是依照第 6(1)条中列出的某项合法依据。如果是处理特殊种类的个人数据,第9(2)条中列出的依据也要同时被满足。"知情同意"是合法依据的其中一项。依照此合法依据,人工智能开发者必须在处理个人数据前获取数据主体的同意。同意必须要建立在知情、自愿、明确和具体的情况下。即使开发者不知道数据主体的姓名或联系方式,也要取得其同意。"合法利益"是合法依据的另一种。依照此合法依据,开发者须证明处理个人数据对开发者的合法利益有具体的必要性。但是,开发者必须衡量数据主体的利益(或数据主体的基本权利和自由)是否应优先于开发者自身的利益。同时,开发者应给予数据主体选择数据不被处理的权利。

1.8.6 数据最小化、目的限制、公平性

在企业满足 GDPR 数据处理的合法依据之后,仍须遵守数据最小化、透明化、公平性和可删性的相关协议。开发者实际使用数据的目的不得与收集数据时表明的目的不同,除非新的目的与最初的目的相兼容,并且开发者充分告知了数据主体。除 GDPR 之外,CCPA 等其他法律也对数据处理目的有所限制。根据 CCPA,企业收集、使用、保留和共享消费者个人信息必须出于合理必要的前提,且数据处理的手段须与数据处理的目的相称。如果数据处理的目的有所改变,企业须及时披露新的目的,且新目的必须与最初的目的相兼容。因此,企业在决定是否将个人数据用于训练人工智能之前,必须首先核实收集个人数据时向数据主体表明的使用目的。在今后的合规安排中,企业最好能提前、主动地通知数据主体,必要时及时寻求数据主体的同意。

1.8.7 数据主体的权利

根据 GDPR,数据主体有权访问、更正和删除有关他们的数据。如果一个完全由自动化技术生成的决定会对数据主体产生法律影响(或其他方面的类似重大影响),那数据主体有权不受此决定的制约。开发者担心,数据主体的这些权利也适用于人工智能的训练数据、输入和输出。如果这些权利适用,

即使人工智能本身不包含任何个人数据,其运行也会受到数据主体的制约。如果数据主体投诉称人工智能生成了与事实不符的个人信息,其开发者和提供商可能也无法进行有效的整改,因为他们也不能预测、解释或控制人工智能的输出。从技术上讲,开发者可以尝试更正训练数据集中有关该数据主体的所有信息,然后用改进后的数据集重新训练人工智能(如大语言模型)。但即使是如此巨大的努力,也无法完全消除大语言模型生成内容的所有不准确之处,因为大语言模型采用概率方法来生成信息,其输出可能正确,也可能偶尔不正确。

1.8.8 对数据保护的影响评估

根据 GDPR 第 35 条和第 36 条的规定,企业在开发和使用人工智能时,必须进行数据保护影响评估(data protection impact assessment,DPIA)。在影响评估中,企业必须考虑数据主体的所有权利和自由,而不仅仅是隐私权。在欧洲历史上,数据保护法的制定往往是为了应对计算机对人类造成的种种威胁,不仅限于隐私方面。因此,除了数据隐私之外,数据保护法在设计上适用于与人工智能相关的所有问题。

德国黑森州于 1970 年颁布了世界上第一部数据保护法,因为人们越来越担心自动化数据处理会危及个人自由。黑森州决定像监管其他危险活动一样监管自动化数据处理,除非有合法依据,否则普遍禁止个人数据处理。欧洲其他法域也相继颁布了类似的法律。欧洲共同体最终在第 95/46/EC 号指令中统一了各成员国的法律,这就是 GDPR 的前身。GDPR 于 2018 年 5 月 25 日生效。

1.8.9 GDPR 的地域适用性

设立在 EEA + 的企业必须遵守 GDPR。"设立"的概念十分广泛。比如,企业在 EEA + 内开设分公司或运营服务器,均视为在 EEA + 内设立。EEA +

的数据保护机构认为，即使一家不在 EEA + 内注册成立的企业在 EEA + 内只有一名员工，只要这名员工在 EEA + 境内参与了数据处理活动，那么企业就可能被视为在 EEA + 设立，从而受到 GDPR 的管辖。对于在 EEA + 之外设立的企业，如果其在提供商品或服务的过程中监控或收集了 EEA + 内个体的数据，那企业也要受到 GDPR 的管辖。如果企业既不在 EEA + 内设立，又没有上述处理 EEA + 内个体数据的行为，则不受 GDPR 的管辖。因此，跨国公司应考虑在 EEA + 以外进行数据采集、机器学习和其他人工智能开发活动。一些跨国公司已经宣布，他们不会向 EEA + 的个人用户提供人工智能服务，因为这可能会触发 GDPR 的监管。

1.8.10　GDPR 合规行动项目

在人工智能方面，须遵守 GDPR 的企业应着重处理以下 10 个合规事项：

（1）向人工智能用户发布隐私通知，详细披露 GDPR 第 12 条和第 13 条规定的要求。根据 GDPR 第 14 条的规定，如果企业用间接方式收集个人数据（如在网上抓取公开可用的数据），也要通知相关的数据主体。为了通知这些数据主体，企业可以在网上发布隐私声明，披露其获取数据的具体细节。但在实际操作上，因为企业没有这些数据主体的联系方式，无法直接向其发送隐私通知。

（2）开展并记录关于人工智能的数据保护影响评估和隐私设计措施，包括数据最小化、删除或删节训练数据中的个人数据、筛查人工智能的输入和输出，以及合同中规定的其他数据使用限制。

（3）在未取得法定监护人同意的情况下，不要收集未成年人的个人数据（除非法律不要求法定监护人的同意）；保护儿童免受由人工智能生成的有害内容的影响。

（4）与人工智能的提供商和处理商签署数据处理协议，协议的模板考虑使用欧盟委员会 2021 年针对国际数据传输颁布的标准合同条款（Standard

Contractual Clauses,SCCs)或约束性公司规则(Binding Corporate Rules);注册欧盟—美国数据隐私框架(EU-U. S. Data Privacy Framework);对EEA+以外辖区的数据传输进行影响评估,并记录其数据保护水平。

(5)指定一名数据保护官(Data Privacy Officer,DPO),并将数据保护官的任命通知到所有相关的监管机构(除非企业可以避免处理大量敏感个人数据)。在德国,如果企业有至少20名员工涉及个人数据的处理,企业就必须依法指定一名数据保护官。其他EEA+成员国规定了不同的"门槛"。如果企业成立于某个EEA+成员国内,那么企业只需将数据保护官的任命通知给当地的监管机构,而成立于EEA+之外的企业(如中国企业)如果受GDPR的监管,则须通知EEA+内所有40多个监管机构,并说明其接收个人数据的地点。

(6)记录数据安全措施,以及数据的保留和删除期限(包括人工智能的训练数据、输入和输出数据),并及时更新这些文件。

(7)建立规范的流程以处理数据主体的各种要求(包括要求企业提供处理其个人数据的具体信息,要求获得个人数据的副本,要求企业更正、删除或限制分享其个人数据)。如果数据主体就企业的自动化决策或企业依据合法利益而进行的数据处理提出反对,企业须依法回应数据主体的要求。

(8)为EEA+以外的实体指定一名欧盟当地代表。为在英国境内的数据控制者支付所需的年度注册费用,或为在英国境外的实体指定本地代表。

(9)对于人工智能输出不准确个人信息的风险,准备合规预案(包括更新系统、更正内容,以及在合同里规定用户必须验证人工智能输出内容的事实性,不得盲信人工智能的输出)。

(10)按照GDPR第5(2)条的要求,记录企业遵守GDPR各项适用要求的具体情况。

1.9 数据驻留和保留

除了隐私和数据保护法，人工智能开发者和用户还必须遵守数据驻留（data residency）和数据保留（data retention）要求。俄罗斯颁布了世界上第一部广泛适用的数据驻留法。这部数据驻留法以俄罗斯一般数据保护法的修正案形式问世，于 2015 年 9 月 1 日正式生效。中国、哈萨克斯坦和印度尼西亚紧随其后，也在其数据保护法中增加了数据驻留要求。

数据隐私、数据保护、数据保留和数据驻留（数据驻留也被称为"数据本地化"或"数据主权"）是经常被混淆的概念。但实际上，数据隐私和数据保护的效果和目的与数据驻留和数据保留的效果和目的完全不同。数据驻留和数据保留法旨在确保政府、法院、审核等各方能够在必要时访问数据，而数据隐私和数据保护法则是为了限制他人获取和访问个人数据，从而保护数据主体的权利。例如，如果法律对数据的转移做出限制，企业就不能随意把个人数据转到域外。为了保护数据隐私，欧洲国家限制国际数据传输已有几十年之久。但是，考虑到对隐私保护的影响，有些数据隐私法并不包含保留数据的最短期限（数据保留）和特定地域（数据驻留）。数据隐私法旨在保护个人数据不被政府和企业获取和使用，而数据保留和数据驻留法可确保对个人数据的访问，这一点与隐私法相反。

企业常常在两类法律之间左右为难，因为这些法律的要求时常相互冲突。欧洲数据保护法要求企业在一定期限内删除不再合理需要的数据，因此对于个人数据，企业常常执行较短的保留时间。其他法律则硬性规定数据的最低保留期限，要求企业在该期限内必须保留数据，以供税务和执法部门查询。此外，会计准则、合同和业务需求也常常要求企业把数据至少保留一段时间，如供用户查询账户信息、保留证据以供诉讼之用、在人事管理中记录员工表现等。因此，对于任何一类数据，企业都要考虑三种数据保留期限：法定最低期限、企业业务需要的期限以及法定最高期限。更复杂的是，这些要求还会因地而异，而且不仅有针对单条数据的规定，还有针对每类数据和不同处理目的的规定。如果一份文件同时用于多个目的或多个法域，则可能要被部分保留和部分删除。此外，美国法律还要求企业必须在某些情况下保留可能与诉讼相关的证据，这条规定的效力高于一般的数据保留政策。

　　创建合法合规的数据保留计划极其复杂，让许多企业感到无能为力。企业有时会抱着日后可能会需要数据的心态，选择无限期地存储数据。同时，企业常常会认为，违反数据法定最短保留期限的风险要大于违反法定最长保留期限的风险，两害相权取其轻，因此宁可违反后者，也不违反前者。企业的数据越存越多，不仅抬高履行诉讼文件保存义务的成本，而且一旦发生数据安全事件，企业遭受的损失也更大。但是，凡事都有利有弊。囤积数据的企业可能会有大量的数据来训练人工智能，而遵守数据删除要求的企业却可能没有足够的训练数据。

　　创建完美的数据保留合规计划成本过高，但是对数据保留不做任何的合规努力又风险巨大。因此，一些企业决定走中间路线，仅为关键的数据制定保留期限表和相应制度。诚然，精确落实每项数据的最长和最短保留期限有实际操作上的困难。一个更好的方案是，企业选择一个默认的保留期限，这个期限既能满足大多数的数据保留要求，同时又不至于近乎永久地保留数据。对于保留费用和风险特别高的数据，如电子邮件、信用卡号、系统日志和某些书面记录，企业可依法适用稍短的保留期限。企业还可以按部门逐步推行数据保留期限，先从相对容易的部门开始，如人力资源部和会计部。这些部门往往已经有相应的内部系统和行业标准，推行起来比较容易。在美国，许多诉讼是关于企业是否在开发人工智能时不当使用了训练数据。为了降低被起诉的风险，人工智能的开发者、提供商和用户应该审查其现有的数据保留和删除政策，并考虑删除来源可疑的数据库。基于隐私法或数据保护法中对于删除数据的要求，如果企业没有保留某个数据库的理由，建议企业删除该数据库。

1.10　合同和行业标准

在政府考虑以立法来监管人工智能的同时,企业也会通过合同和行业标准相互达成关于开发、提供和使用人工智能的法律共识。从业人员应考虑如何通过与人工智能开发者、提供商和用户签订合同,来为企业使用人工智能创造一个良好的法律环境。针对业务合作伙伴提出的合同条件,企业须予以回应并深入考量这些合同条款如何影响企业对人工智能技术的应用。比如,企业须考虑现有的合同能否允许企业把积累的数据用于人工智能的训练。同样,招聘人员、业务顾问和薪酬服务供应商时也应评估,在现有合同的限制下,他们是否有足够的自由度利用人工智能为客户提供服务。

第二章 启动合规计划

着手设计和执行以特定法律、商业流程或风险为重点的合规制度前,须先行决断下列预备性事项:

- 指定某人或某团队负责合规工作;
- 准备任务清单,明确相关事实、法律和要求;
- 基于商业目标、执法风险和合规难度确定任务优先级;
- 争取高层领导的支持;
- 与内部利害相关部门(internal stakeholders)和外部顾问协作;
- 执行任务清单。

2.1 掌握主动权

事情总得有人负责做。个体户就只能自己干,但是在大企业里面,一般来说会有几个人选或部门——如法务部、信息技术部、数据保护官和常规合规项目经理——可以负责人工智能的合规工作。此外,产品研发部也必须合规。人力资源、生产、销售和营销部门的人工智能用户可以负责特定系统和用例的合规性。每个群体可能都有不同的做事方法、强项和弱项。寻找适合的人员或团队时,应考虑下文所述的各类因素。

2.1.1 数据保护部

数据保护官和数据隐私专员的职责是确保数据合规。欧洲的数据保护法律要求企业指定专人担任数据保护官,由他们来监督企业的合规情况不会造成部门间的利益冲突,并且他们通常能更好地理解数据处理系统和适用的数据保护法律。然而,许多数据保护官和隐私专员不是律师,因而往往对数据保护法之外的法律(如人工智能所涉及的知识产权法、侵权法、计算机干扰法和反歧视法)不甚熟悉。

2.1.2 法务部

企业法务部的内部律师通常担任提供咨询的角色,他们让其他部门了解适用法律的要求。取决于企业文化和个人风格,有的法务会主动提供服务,有的则不问不理。律师擅长解释和适用各种法律,但并非所有律师都懂技术或能做好项目管理。

2.1.3 信息技术部

信息技术部的员工懂技术,但他们在理解和适用法律方面的能力可能会差一些。信息技术专家擅长部署和维护其他部门(如人力资源部、生产部、销售部和营销部)使用的设备、软件和服务。信息技术部通过提供技术,协助其他部门实现商业目标。他们通常设立和执行技术手段(通过部署数据安全措施)保护系统和数据不受非法访问,但一般不会决定哪些人有访问权,或者决断法律合规事项。

2.1.4 产品开发部

开发人工智能的计算机科学家和数据科学家在把控合规风险方面具有得天独厚的优势。他们可以抢先于提供商和用户深入了解所开发的人工智能。具有对代码和训练数据有决策权的他们,能够识别并遵守开源软件的许可要求和公共网站的数据访问条款,这些同时也受到著作权、隐私法和反计算机干扰法的约束。通过精心选择多样化的训练数据,他们能显著减少人工智能系统未来可能违反反歧视法的风险,并在设计和训练过程初期采取措施预防各种潜在的合规风险。因此,开发人员对人工智能最终能否合法合规有着至关重要的作用。然而,存在一个风险:若计算机科学家和数据科学家过分专注于优化人工智能的性能和能力,他们可能会视合规要求为妨碍其主要目标的障碍。

2.1.5　内部审核部

有些企业设有内部审核部(内审部)负责监督和确保法律及企业内部规程的执行。内审部重在核查企业内部对法律规则和现有合规制度的遵守情况,但是内审人员一般并不制定规则,也可能不具备相应的专业知识。如果同一个人既制定规则又监督规则的执行,那么这就失去了制衡。

2.1.6　人工智能用户群体

还有另一种方案:从企业内的人工智能用户群体(如人力资源部或营销部)中任命人选。不过,与开发人员一样,人工智能用户往往觉得合规要求与其使用人工智能的初衷相冲突,是他们完成任务和实现商业目标过程中的障碍。

2.1.7　新设合规项目或部门

在许多企业中,负责人工智能合规工作的人员一般来自上述某个部门或专业领域。规模较大的企业面临更多与人工智能相关的风险和机遇,因此可能会设立专门的合规项目或部门。

2.2　管理

企业应考虑成立人工智能合规委员会或工作组以更好地识别与人工智

能相关的合规风险。委员会的成员应来自各个利害相关部门和专业领域,具有不同的背景和兴趣。在摸索如何定位企业与人工智能的关系的阶段,成立一个委员会尤为重要。担心委员会官僚化的领导可以强调委员会的临时性,阶段性地评估其工作情况,以及决定是否应解散委员会、由个别专员接手其工作。

在开发和采购人工智能系统的过程中,建立一个跨部门参与的审查委员会变得尤为重要。该委员会应聚集来自企业各利益相关方的代表,确保多样化的背景和观点得到反映,这有助于有效识别并消除潜在的偏见,并建立清晰的工作流程和规程。特别是在数据收集这一环节,由于其复杂性和潜在风险,委员会应对相关流程给予特别审批。每个人工智能系统和数据采集项目都应由一名员工作为协管员,负责监督项目的合规性、防护措施的有效性、投诉量以及有关人工智能输出的新问题。协管员还应签字确认其负责监管的系统属于人工智能还是确定性系统,以此作为法律审查和合规建议的依据。另外,由研发人员组成的"红队"(red team)应持续测试人工智能系统的质量缺陷、安全风险和安全漏洞。

许多组织在任命员工担任人工智能管理职务时,都会优先考虑包容性和多样性。来自弱势和少数群体的成员对于潜意识偏见、非法偏见,以及那些可能间接歧视或特别影响各种少数群体的措施具有更高的敏感度。律师、信息技术专员、数据科学家和人工智能用户会带来不同的专业知识。来自不同地区和文化背景的员工能发现其他可能被忽视的问题。当然,与其他雇佣决策一样,企业在组建治理委员会时,不得基于种族、性别、年龄或其他受保护的标准歧视个别候选人。

规模较小的企业可能不得不更多地依靠外部顾问指导多样性相关事宜,并在内部安排一名员工兼职负责人工智能合规。如果企业设有法务部,法务律师通常会参与合规事宜,且常常占主导地位。但是,人工智能合规的理想人选并不一定非是律师。

2.3 分配责任

为了推动问责制,企业应指定每个系统的协管员。协管员可以根据适用的定义初步判断其协管的系统是否属于人工智能,然后对合规风险进行评估并记录在案。协管员还应负责持续监控人工智能系统的性能和输出,并及时告知内部法律顾问、数据保护官或常规合规官系统潜在的问题。

对于内部开发的人工智能系统,协管员可由该系统的项目经理或开发人员担任。任何系统的关键用户也可作为协管员候选人。

协管员应确保人工智能的最终负责者是人类。协管员应密切关注每个系统,随时准备介入处理合规性问题或向负责人工智能合规的管理层或相关部门汇报潜在风险。负责全企业人工智能合规工作的经理可以在一定程度上依靠系统协管员对系统进行持续监控,并在系统协管员离职、负担过重或表现不佳时将其替换。

2.4 与内部利害相关部门及外部顾问开展有效合作

为了从企业内部利害相关部门获得充足的资源和支持,必须回答他们的疑问:合规项目为什么重要？人工智能开发者、提供商及用户都可能要对人工智能造成的伤害和违法行为负责。因此,所有企业都应将合规性视为管理风险以及避免制裁和担责的重要事项。

此外,对于人工智能开发者和提供商来说,合规也可以成为一个销售话题。用于合规的功能和防护措施在推广人工智能产品时可以成为差异化竞争优势。例如,美国纽约市的雇主必须评估自动化就业决策工具基于性别、种族或民族的差异化影响和造成歧视的可能。雇主须依法聘请独立审核师以证明其合规性,因而能提供审核报告样本的提供商会更受雇主青睐。此外,对于人工智能提供商来说,数据安全合规是销售产品和提供服务的关键条件之一。在企业内启动某项合规制度时,用问答体准备一份简短的情况说明能有效提升企业内关键利害相关部门的意识并争取其支持。

大多数企业也会向外部顾问寻求意见。例如,企业需要外部顾问就本土法域之外的法律规定提供建议。除非是规模庞大的跨国企业,否则它们往往不具备足够的资源和专业知识来深入了解和掌握域外法律的具体条文和术语,自行解决合规义务的确切性质和细节既耗时又费力。此外,管理层也可能需要聘请外部顾问来解决超出其内部核心专业知识范围的问题。

在与外部顾问合作处理合规事宜时,企业会遇到一个常见的挑战:熟知某领域实际情况、风险和规则的专家(如数据安全顾问、技术服务商、某法域的外部律师等)往往会把各自领域内的风险评估得偏大。但是,企业通常预算有限,无法在同一时间以同等注意力来对待所有领域的问题。因此,企业必须把问题和风险分出轻重缓急。

如果聘请的外部顾问是一个跨领域合作的跨国团队,那么这个团队或许可以把他们提供咨询的多个领域划分出优先级。但跨国团队的能力也是有限的,不应期待他们能够全面考虑到可能决定企业成败的所有关键因素,例如保障业务连续性、确保收入稳定增长以及获得充足的资金支持等。

如果聘请的顾问是一些专攻各自领域的个人而非彼此协作的团队,那这些顾问基本无法在区分不同领域各类问题优先级方面提供帮助。每位顾问都会倾向于将其负责领域的问题视为最紧迫的问题,因而对于特定风险或法规的重要性,往往要么过度强调,要么重视不够。为缓解这种专业领域内的偏见,建议不仅向顾问询问关于法律条文的字面意义和形式要求,还要让顾问说明实务中的执行情况。例如,某项规定在实践中是被严格遵守,还是形同虚设?监管机构和利害主体对某个问题的态度是否严苛?在某项要求方面,其他企业曾遭遇过哪些风险和挑战?这些问题的答案可以帮助企业全面了解情况,分出任务的轻重缓急。

2.5　留意合规工具与自动化产品

　　一些法律科技公司提供的软件和技术产品能帮助企业满足合规要求,如删除受著作权保护内容的过滤器、保护隐私的图像模糊软件,以及记录数据保护影响评估的在线表格。合规制度成熟的企业可以通过自动化重复性任务以提高效率。但是,任何一家企业在采用技术产品之前,应首先评估其特定的合规需求、选项和偏好。例如,如果一家企业每年只收到来自不同法域和不同数据主体(如员工和客户)的少量数据访问请求,那么人工处理此类请求可能会更好,因为每个请求可能都需要人为初步判断,而自动化工具的配置也会额外占用资源。

　　值得注意的是,过早部署自动化工具来进行数据保护影响评估的企业往往会留下过多记录,其中大部分记录既非法律要求又无实际帮助,冗杂的记录有时甚至会掩盖需要深入评估的情况。数据安全法规的目的很明确,就是防止未经授权者访问数据,因此实现合规自动化相对容易。但是,其他法律更加复杂微妙,将其应用到每个具体的合规情景时须权衡利弊后再做决定,因此对自动化提出了很大的挑战。例如,多部数据保护法要求企业平衡其合法商业利益与数据主体权利。美国著作权法中的合理使用原则允许符合特定条件的开发者在没有许可证的情况下复制和改编受著作权保护的作品。此外,对于大多数企业来说,人工智能法律仍然是一个相对较新的领域。在做出决策时,企业可以依赖的经验和历史数据要少得多。当面对新的人工智能用例、风险和法律时,企业可能要频繁、迅速地改变策略。

　　即使某项技术产品切实有效,企业也应首先从业务角度判断该产品是否必要或可取。例如,虽然人脸模糊软件可以有效保护隐私,但是有些企业的人工智能安全摄像头则不能模糊人脸,否则摄像头将无法识别曾经威胁、攻击过员工或顾客的人并将其挡在门外。此外,自动驾驶汽车的开发者在使用人脸模糊软件之前,必须平衡汽车的安全性和行人的隐私,因为加装人脸模糊软件可能会妨碍车载人工智能对行人的识别和安全避让。另外,各种差距评估和影响评估工具常常让用户失望,因为用户要花很多时间精力来初始配置这些工具,人工收集和输入大量相关信息,最终还要亲自决定是否承担风险。因此,企业在采用任何产品之前应谨慎考量以下问题:使用特定工具能解决什么具体问题?法律对该工具提供的解决方案是否有明确的要求?该方案是否为企业的最佳选择?该工具的相关成本和效益与人工或其他方法相比如何?

具体措施

- 为每个人工智能系统指定一名协管员,指定专人或部门负责统筹监督整个企业的人工智能合规工作。
- 召集不同利害相关部门员工和不同领域专家,共同识别人工智能的机遇和风险。
- 在过度实现自动化或过度依赖技术工具之前,设计并评估企业合规制度。

2.6 准备任务清单

一旦基本确定了人工智能合规工作的负责人,下一步就要准备合规任务清单并记录执行状况。建立任务清单并监督其执行有助于把握重点、做好规划(如预算和目标)、管理复杂情况(如涉及多个法域和不同类型的人工智能)以及妥善完成项目的交接。借助任务清单,企业可以随时掌握形式合规要求(如影响评估文件、审核报告、有关自动化决策的通知、供应商合同、系统协管员的任命)和实质任务(如开发和测试人工智能产品的防护措施、指定和限制访问权限、部署加密技术)。

例如,一个拥有欧盟、日本、中国和美国子公司的跨国企业,在其初始任务清单中可能会列出以下事项(见表2-1),并在补充栏目列出状态、待办事项和相应负责人。

表2-1 合规任务清单示例

	合规任务	目的
1	成立人工智能管理委员会	把控机遇和风险
2	发布针对数据采集、人工智能采购及使用的办事规程和审批流程	降低风险
3	盘点、准备人工智能系统、数据库和数据流的记录	为影响评估、通知、协议打基础;满足记录保留规定
4	为每个人工智能系统指定一名员工担任其协管员	确保责任到人;降低风险
5	开展并记录影响评估	合规;降低风险
6	更新集团内部的商业协议和数据传输协议,以便基于欧盟的标准合同条款以及其他措施,确保集团内部及与供应商和客户之间的跨国数据传输合法合规,同时证明人工智能使用中的转让定价遵守税法规定	合规;克服跨国数据传输的法律限制
7	创建、更新、翻译面向消费者、企业客户代表和业务伙伴的有关自动化决策和数据处理的通知;确立获得和记录对方同意的最佳方式,并尊重对方的反对权和退出权	满足通知、选择和同意要求
8	审阅并准备发送给员工和应聘者的有关自动化决策和个人数据处理的通知,包括: ● 求职申请处理; ● 监控工具和调查; ● 评估、薪酬和晋升	满足通知要求

2.7 全面了解人工智能及相关法律问题

在制订任务清单之前,首先必须了解企业有哪些人工智能,适用哪些法律,这些法律有哪些具体要求以及(在法律提供了几种选项或者因企业资源有限必须分清任务之轻重缓急的情况下)如何能最优化地满足这些要求。本书的后续章节会讨论典型的法律要求和任务示例,读者可以一边阅读一边起草任务清单。

对于大型跨国机构或任何跨国企业来说,找出并分析企业内外部使用的所有人工智能听起来好像是一个无法完成的任务。员工使用的搜索引擎、地图和其他无数公开的在线服务都可能在一定程度上运用了人工智能。许多企业内部服务和系统也可能会使用人工智能功能。此外,当人工智能合规人员把现有的人工智能部署、训练数据库、开发项目和使用案例盘点清楚时,企业可能已经换掉了几套系统,收购或剥离了几类业务,扩张到了新的法域,并找到了部署人工智能的新机会,甚至可能有专门针对人工智能或数据处理的新法律法规颁布。

不要让追求完美变成解决问题的敌人。第一步,请考虑企业已知在开发和使用的人工智能。最起码应整理一份简短的摘要,包括关键用例、服务器所在地和访问权限(包括员工、部门和第三方供应商)。如果企业涉及跨国经营,那么还要知道所有子公司的名称、地址和员工人数。

对于中小型企业来说,可能用不了几个小时就能整理好这样的摘要。读者可以去找信息技术部、采购部和会计部了解所购买和部署系统的基本信息。法务部应该有子公司的清单。人力资源部应该知道员工人数。在初始阶段,盘点这些数据就足够了。

受 GDPR 管辖的企业,必须创建更正式和详细的数据处理活动记录,包括:

- 企业名称、详细的联系方式、欧盟和英国的代表人及数据保护官(如有);
- 数据处理的目的;
- 数据类型、数据主体类型;
- 接收企业所披露数据者的类型,包括数据处理者(若企业本身为数据

处理者,则包括其客户)以及第三国或国际组织中的接收者类型;

- 数据的国际传输和具体安全措施,包括第三国接受方或国际组织的名称;
- 保留和删除的时间期限;
- 技术和组织数据安全措施的一般说明。

此外,如果企业已经为遵守 GDPR 进行了数据保护影响评估,盘点人工智能时可以参考数据保护影响评估。

大型企业有时会进行更详尽的评估和审核(这项工作常常需要外部顾问协助,有时也源自外部顾问的建议)。这对准确把控跨国企业有关人工智能用例和合规性有所帮助,甚至是不可或缺的。但是,这项工作做起来耗时费力,最后产出的报告冗长琐碎,未必能对改进企业合规状态有直接的作用。因此,除非企业确信已经跨越了初级合规阶段,并能够承受一场全方位的系统梳理工作,否则不妨先从粗放式的盘点开始。

2.8 设置优先级

鉴于人工智能技术及其法规的快速发展,分阶段地设计与实施合规策略往往更为高效。企业若一开始便尝试全面梳理所有人工智能部署及其适用法律要求,常会发现自身面对的挑战异常庞大,并易陷入行动瘫痪。因此,在设计与实施合规程序的过程中,应优先考虑那些风险较高且较易解决的要求。通过这种方式,企业可在初始阶段迅速取得成效,并与其他团队建立良好的合作关系。进一步完善合规策略设计与任务清单时,应从编制一份已知合规要求清单开始,列出企业、同行和竞争对手已经努力满足或正在积极执行的合规要求。

当发现高风险领域存在合规漏洞时,请立即采取行动。例如,如果发现来源可疑的数据库,或者发现数据科学家未经授权从公共网站上挖掘数据,从而违反计算机干扰法（如美国《计算机欺诈和滥用法》）、数据保护法规或著作权法时，企业应与法律顾问共同商讨，决定是否有可能面临诉讼或政府调查，并须按照诉讼保留规定保存和提供记录之后，立即删除此类数据。

在处理了最迫切的风险后，企业不仅应持续优化其任务清单，逐步解决各项挑战，还应从长远战略的角度审视实现更为复杂目标所需的条件。在建立和处理任务清单的过程中，企业应记录与人工智能及其合规性有关的目标和优先事项。有些企业将人工智能合规要求与其他法律规定同等视之：只做法律所要求的或达到业内一般水准即可。而另一些企业（尤其是开发和提供人工智能的企业）则把合规性视为潜在的差异化竞争优势，致力于满足顾客的全部需求，提供超过行业水平的服务。

此外，在某些合规的具体事项方面，不同企业目标也不相同。例如，有些企业在营销中高度依赖人工智能，因此希望在每个法域内最大限度并不计成本地收集、使用个人数据。而另一些企业可能满足于找到并遵守最严格法域的要求，出于维护企业行为一致性和节约成本的考量执行一套全球统一的企业合规规程。因此，确立企业人工智能合规目标并将其传达给员工很重要。

基于对相关法律规定和企业目标的初步评估，您可以选用一种最适合企业情况的合规方式。

- 主动还是被动？事先主动采取措施避免问题，通常比应对后续诉讼、调查和负面舆论更为降低风险、容易处理且节约成本。同时，一般来说只有一小部分潜在问题随后会实际爆发出来。如果企业视成本控制为重要因素且只把人工智能合规看作一项普通的法律义务，那么可以考虑进行成本收益分析和应用"80/20 法则"（帕累托法则）。这一法则指出，通常较小比例（约 20%）的潜在问题可能导致大部分（约 80%）的负面后果——尽管这一比例不是固定的。这意味着，通过投入相对较少的资源（大约总预算的 20%），企业可能就能预防或解决导致 80% 不良后果的问题。相反，解决剩余 20% 的问题（这部分问题未必是最严重的）可能需要消耗总预算的 80%。因此，企业应优先识别和解决那些可能引发严重后果的问题,或者那些能够通过较少的资源和努力轻松解决的问题。

- 相比某些问题(如预算不足导致无法部署加密技术或须在简历筛选流程中增加人工决策),有些问题(如企业隐私声明不具实效性,又或未给予主体反对自动化决策的权利)解决起来更容易,费用也更低。预算有限的企业可以先从低成本问题做起。在某种程度上,企业可以通过审阅主要竞争对手的网站隐私声明先了解他人做法。企业作为人工智能用户还可以向提供商和开发者寻求有关其网站的建议和指导。然后,企业可以确定哪些具体措施是法律规定的,并依先例行事。这种方法并不能确保百分百合规,甚至未必是一种高效的方法,但是能够帮助企业无须大规模的投入就能很快达到行业水准。

- 如果想要成为行业领军企业,那么必须考虑更全面地评估法律要求和业务需求。可以征求各利害相关部门(包括法务部、数据保护办公室、人力资源部、信息技术部、销售部、产品管理部、采购部)的意见,列出人工智能工作重点。也可以关注法律、贸易刊物,参加会议,听从(有时甚至应主动寻求)政府机关的指导,以及关注相关的执法和诉讼案件,以跟进人工智能合规和风险的总体趋势。还可以考虑主动向法律和政策制定者介绍情况,提出新的立法建议,或在政府制定法规过程中,直接或通过行业协会间接提交反馈。

- 在听从外国政府机关指导方面,很重要的一点是确定企业面对多大的政府执法风险。受严密监管的企业(如银行或电信服务商)通常很重视监管部门的意见,而不管其意见是否有法条依据:因为这种意见的价值来自监管部门的权威声音。但是,不受严密监管的企业或与受监管的企业不存在密切业务往来的企业,则可以采取更自由的立场或观点。这些企业的员工往往不仅会听取某一个政府机关的观点,还会了解这种观点在实际操作中是否被执行、如何被执行。这一点在衡量外国政府机关指导意见时尤为重要。例如,欧洲政府机关过去多年在不少议题上采取了较为极端的立场,但并未有任何实际的执法活动,从而也没有案例以测试其观点的合法性。如果企业亦步亦趋地遵照政府指导行事而错过商业机会,万一政府的指导意见在实践中并未被广泛遵守或遭到法院质疑、撤销,企业可能会后悔错过先机。

- 请注意,在不同法域或对于不同的业务线,所适合的合规方法可能不尽一致。例如,若企业拥有大量员工,而其子公司又有一个不太友好的工人委员会,那么该企业在部署可能影响工人权利的人工智能之前,最好能主动地进行影响评估、合规审查并咨询专家。又如,若初创企业提供特别敏感的人工智能产品(如以安全为由将部分人员排除在公共场所之外的人脸识别产品),那么对于这款产品的合规要求或许要超越对一般产品的合规要求;但是对于该企业为数不多的员工,对其权利的保护企业满足行业标准合规要求就足够了。有些企业还处在由几位创始人共同管理和运营的阶段,企业的财务状况直接影响到创始人的收益,那么此时与人工智能相关的员工权利可能就更加不受重视,企业更关心的是节省合规成本和工作量。

2.9 明确关键法律要求

正如本书第一章所述,截至 2023 年年底,只有为数不多的法域颁布了针对人工智能的法律。然而,企业必须遵守世界各地从各种角度监管人工智能的无数法条。即使是重视合规的超大型企业也难以随时掌握相关法律的最新动向。对于小型机构来说,即使无法搞清相关法律条款的所有细节,也必须要认清法律的重点,用一套体系确保遵守人工智能的关键规定。

2.9.1 人工智能相关法律

人工智能开发者、提供商和用户必须遵守各种历史和缘由不一的法律。例如,企业在获取用于训练人工智能模型的数据时,必须遵守计算机干扰法(如美国《计算机欺诈和滥用法》)、著作权法、数据保护法规和隐私法。人工智能用户必须遵守与输入数据相关的保密义务和数据保护法规,还要避免提示语和其他指令使得输出数据侵犯他人的著作权和隐私权等权益。此外,人工智能的开发者、提供商和用户还必须考虑人工智能特有的风险,这些风险可能会对人类或财产造成伤害,从而引发刑法和侵权法下的责任。本书第一章对有关人工智能的法律进行了概述,第四章讨论了人工智能影响评估中要考虑的各类风险。一旦确定了与某个系统或人工智能用例相关的风险,企业可以更从容地准备一份囊括所有必须遵守法律的清单,以避免或减轻此类风险。

2.9.2　企业性质和业务内容对适用法律的影响

有些法律只适用于某些类型的法律实体。例如,欧洲数据保护法一般不适用于国家安全机关的数据处理以及单纯个人或家庭活动(如某人在选择不允许将提示语用于模型的训练后,向聊天机器人询问或分享其直系亲属朋友的信息)。美国与医疗保健相关的数据隐私法(如 HIPAA)只适用于某些"适用主体"及其"业务伙伴",如医生、医疗保险公司和某些服务商。有些关于金融和电信服务的法律仅适用于银行或电信提供商。反垃圾邮件法一般只关注营利商业企业,而不适用于政治和非营利组织。

即使某部法律不直接适用于企业,但依然可能会适用于企业的业务伙伴或客户,从而与企业相关联。话虽如此,大多数企业通过对照企业类型与业务内容对相关法律进行排查就可以删除一系列不适用的法律。

2.9.3　企业地理位置对适用法律的影响

世界上有 190 多个被联合国承认的国家,每个国家还可能存在不同的法域(如美国 50 个州,各州法律不同)。企业应认真分析首先要重点关注哪些法域的规定。

根据国际习惯法,每个主权国家都可以按其意志自由立法,并不存在"世界宪法"或条约限制国家在其国内法中可以涵盖的内容。但是,从历史角度来看,许多国家传统上将其法律的适用范围限定为在其领土上的个人,以及在其境内设立或注册,抑或部署员工、办公室、服务器或其他设备的企业。

根据国际条约,某些类型的著作权法和其他知识产权法具有地域性,仅适用于在立法国境内发生的侵权行为,如侵权者在立法国境内制作侵权复制品。此外,美国《计算机欺诈和滥用法》等计算机干扰法往往只保护立法国领土上的计算机;如果有黑客入侵国外的计算机来抓取数据以训练人工智能,这些黑客通常只违反被入侵计算机所在国的计算机干扰法,而不违反黑客所在国的法律。

越来越多的国家对海外个人和实体也适用消费者保护法和隐私保护法,以保护本国消费者免受伤害。例如,数据隐私法可能适用于任何通过定向网站远程收集数据的企业(如针对某国的网址、语言、本地化内容或本地电话号码等),甚至仅仅因为境外企业收集了立法国家居民的个人数据。互联网服务商、跨国企业和很多其他与外国有直接联系的企业发现,很多国家的数据隐私法适用于它们的某些数据处理活动。但是,也有很多专注于国内市场的企业能够排除大多数外国法的适用,因为出于监管限制(如本土银行或医院)或资源限制(如本土建筑公司),他们不被允许在其他法域开展业务。

根据欧盟法律,欧盟成员国一般不得将本国法律适用于其他成员国的企业。这使 EEA 内的企业在 EEA 共同市场内做生意更加容易。即使 EEA 内的人工智能提供商会向许多区内成员国提供在线服务(不论通过互联网还是其他方式),该提供商也只需遵守其分部或其他显著实体所在成员国的法律。

EEA 外的企业则不享有这一特权。因此,一家客户遍布欧洲的美国人工智能提供商可能不得不遵守 EEA 各成员国的法律。不过,如果该提供商设立一家子公司,并使子公司成为所有欧洲客户的合同方和数据控制者,那么这家子公司只需遵守其所在法域的数据保护法。此外,该提供商还可以根据"原籍国原则",在它没有设立办公室的 EEA 成员国的其他法律方面要求特权。此外,总部设在 EEA 的实体通常只接受所在成员国当局的监督和执法,而一家美国企业如果任命了数据保护官或者发生了数据安全违规事件,则可能要用当地语言通知多于 45 个不同国家的当局。美国企业或许能根据美国宪法中禁止各州法律歧视州际贸易或给州际贸易施加过度负担的这一贸易条款主张类似保护。这类管辖特权给企业提供了事先筹划区位的空间,从而主动影响哪些法律适用于企业。基于上述原因,企业必须谨慎选择其区位范围和企业结构。

2.9.4　实践执行度对适用法律的影响

法律在实践中被执行的程度对大多数从业者来说很难明确回答,但尝试回答这个问题可以帮助企业确定国际合规工作的优先级。一般来说,如果企业在某国境内没有办公室、资产或员工,该国就不能轻易对企业执行其法律。根据国际习惯法确立的主权原则,各国政府不得派遣官员越境发布警告、收取罚款或实施逮捕。在未征得执法对象所属国司法机关同意的情况下,各国政府也不得跨境发送带有警告或威胁的命令或公函,因为这相当于在另一个国家行使监管权。一些国家(如 EEA 成员国)虽然在某些领域合作密切,但对他国企业采取执法行动时仍然困难重重。

私人原告通常能够说服本国法院对外国企业行使管辖权。然而,在被告经营和拥有资产的外国执行判决依然非常困难。禁令、处罚和其他制裁通常无法跨国执行。金钱裁决(如赔偿判决)可能更容易执行,只要不涉及惩罚性或处罚性因素,或援引违反公共政策的程序原则。由于这些原因(包括在其他法域和语言环境下进行索赔的成本和困难),外国法律的执行风险往往比其适用的风险要低得多。

不过,从业者必须考虑一些值得注意的例外情况。对于已在合同(如欧盟标准合同条款或自定义服务协议)中同意遵守外国法律的企业,其外国商业伙伴如果受当地政府执法行动影响或本身看重业务合规性,则有能力及动力强制该企业遵守外国法律。企业在申请许可证或执照时,也可能或多或少自愿遵守外国法律并同意与外国当局合作。此外,政府有权将外国企业排除在本国市场之外,例如直接或通过当地电信服务商间接切断其网络连接。

企业可以根据法律的实践执行度创建一个优先法域列表,列出尤其可能对企业直接或间接执行的法律所在法域。列表顺序可依照联系的紧密程度(如管理层和关键员工所在地,企业注册和上市所在地,企业实际存在的办公室、目标网站、人工智能用户所在地等)、企业是否已在合同中承诺或以其他方式确保服从另一国的法律(例如,在许可证或执照方面),以及企业的母国法域是否与外国在引渡和判决的承认与执行方面有所合作。

如果剩下的法域清单仍然令人难以招架,企业往往会根据市场考虑进一步排定优先级,首先转向那些产生或承诺产生大量收入的国家,或者那些对人工智能特别敏感的国家。除业务方面的考虑外,企业还应该考虑合规"门槛"低的国家(如语言相通或法律制度与本国相似的国家)。基于这些实际考虑因素,大多数企业都能列出一份实操性强的重点法域列表,并特别关注这些法域的法律。

2.10　执行

一旦准备好实现人工智能合规和降低人工智能风险的具体任务清单,就应该进入执行环节。可以先从容易操作或能减轻重大风险的任务开始。很多企业会从准备人工智能清单以及内部办事规程和审批程序做起,事实证明这样做非常有益,因为在这个过程中,企业自然而然就会审视所有关键风险和要求。关于实际执行任务清单,我想分享给大家的一个经验是:不要因为千头万绪无所适从而寸步不前,弥补几个合规漏洞总比什么都不做强。尽管很多任务彼此之间存在千丝万缕的联系,但企业仍然可以先完成某些领域的具体任务而不损及其他任务。例如,自动化就业决策工具存在偏见的风险与第三方提供的人工智能聊天机器人可能遇到的问题相互独立,可以逐个击破。另外,先解决某些重点法域内的合规任务,随后再关注其他法域里存在的问题。

在引入新的要求时,企业应当考虑预设一个审查流程,并为其设置自动失效日期。这一点在人工智能法律仍在逐渐完善的今天尤为重要,因为未来几年将不断有新的法律法规出现。随着新法律法规的出台,企业必须完善和替换最初的措施,最好在增添新的流程和文件的同时也废止不再适用的流程和文件。如果企业只是不断增加文档的页数和对员工及承包商的要求,那么随着时间的推移,企业在合规项目上的精力将逐渐分散,合规制度也将变得越来越低效。

第三章 起草文件

在企业内部执行合规计划时,须准备各式文件。其中,一部分文件是法律规定必须有的,而另一些则基于运营或营销需求。此外,还有一些文件是依据所谓的经验建议或被广泛认可的"最佳实践标准"来创建的。然而,经过细致的分析和考察,我们可能会发现,最后一类文件并非绝对必要,且在实际作用上并不显著,有时甚至可能对企业的合规流程造成不必要的负担。

因此,在创建任何文件之前,应考虑两个关键问题:

- 为什么要创建该文件?
- 文件的受众是谁?

在回答了这两个基本问题后,可以着手准备文件提纲,并考虑如下两个问题:

- 文件的内容、形式和结构方面有哪些要求和注意事项?
- 有哪些陷阱和误区要避免?

本章将详述:(1)对于上述问题的回答和建议;(2)企业须准备哪些类型的文件;(3)文件起草过程中的具体指导原则和应当注意的关键点。

3.1 为什么创建文件?

一般来说,企业应减少而非增加文件的数量,因为起草、审查、执行和维护文件都会消耗企业资源。公开发布的文件还可能限制企业在人工智能方面的种种活动。当企业未能实际遵守文件中的承诺和陈述时,可能会被原告起诉或被监管机构调查。

企业为人工智能创建文件主要出于三个目的：法律要求、市场需求和组织需要。

- 法律要求：为了满足法律规定或为了享受某些由文件带来的法律优势；

- 市场需求：为了响应市场需求（如来自客户、供应商、投资者或员工的需求）；

- 组织需要：为了传达和记录组织内部的规则、指示和限制，确保员工做正确的事。

尽可能通过同一份文件实现多个目的，往往是最有效的做法。但是通常情况下，企业最好是为每个目的单独创建文件，有的放矢。

3.1.1 法律要求

如果创建文件的目的是满足特定的法律法规，应首先仔细分析该法律法规的来源、适用性和构成要素。例如，根据《加州在线隐私保护法》（California Online Privacy Protection Act of 2003，CalOPPA）和其他仿效该法的法律，如果企业出于自身目的在线收集加州消费者的数据，则必须发布网站隐私政策。又如，根据GDPR和CCPA，即使企业的销售对象是其他企业而非个体消费者，也必须发布隐私政策。然而，大部分的隐私法也规定，当企业作为数据处理者（processor，GDPR术语）或服务提供商（service provider，CCPA术语）帮助企业客户处理个人数据时，企业不必披露数据处理细节。只有客户才须通知数据主体，因为客户才是真正的数据控制者（controller，GDPR术语）或经营活动者（business，CCPA术语），能决定数据处理的目的和方式。尽管如此，一些人工智能提供商还是会在自己的网站隐私政策中对其提供的商业服务进行说明。

一些企业认为，如果将自己网站隐私政策中涵盖的服务说明引用到与客户的服务协议中去,将有助于与客户进行合同谈判——修改隐私政策的困难度众所周知,客户不会轻易要求企业修改隐私政策中的服务说明。但是,企业作为服务提供商应仔细考虑这种做法的利弊。这可能会被误读为企业默示自己为数据控制者,因为只有数据控制者须依法发布隐私通知且有能力发布隐私通知。一旦企业被默示为数据控制者,数据主体和监管机构可能会期望企业对数据的处理活动承担更多责任。此外,如果企业在隐私政策中过度增添法律未要求的内容,反而会因为文件过长而引发监管机构的不满。如果企业自愿决定在隐私政策中增添一些法律未要求的内容,应权衡此举的潜在弊端。

当企业为某项业务创建合规文件时,须查阅与该业务相关的法律法规,确保在考虑到合规所产生的代价后,开展该业务仍然是利大于弊的。比如,根据 GDPR,如果企业的某类决策是自动生成的,并且该决策在法律等方面会对数据主体产生重大影响,那企业必须向求职者、消费者及其他数据主体提供一个反对自动化决策的权利。如果企业正在考虑此类业务,应重新审视最新的法律法规,评估其流程是否符合自动化决策的条件(自动化决策不一定牵涉人工智能),以及该决策是否会在法律或其他方面对数据主体造成重大影响。此外,还须权衡合规的代价(例如,用于处理数据主体对自动化决策提出异议所需的资源)是否会超过自动化决策所带来的好处(例如,节省的人力资源)。有时,这些好处可能无法抵消合规所带来的负担。

隐私法通常不要求企业在隐私政策中明确承诺绝不共享客户数据。一些企业认为,主动作出不共享数据的承诺有利于获得更多客户的同意。其他企业则认为,大多数客户根本不会阅读企业的隐私政策。如果企业作出不共享数据的承诺,可能会严重限制企业数据库未来的商业价值或在并购及破产情况下的价值。

在考虑通知(notice)和同意(consent)的法律依据时,企业不仅应当考虑成文法的规定,还须留意其在合同中对业务伙伴或数据主体所承担的义务。

例如,若企业在其隐私政策中做出承诺,称将在更改隐私政策前至少提前 30 天通过电子邮件通知数据主体,那么无论成文法是否有此要求,企业均应遵守自己的承诺。

3.1.2　市场需求

响应市场需求而创建文件时,首先要明确具体的目标、未达成目标的后果以及达成目标的收益。即使没有充足的时间和资源深入研究,至少也应对预期的收益和代价进行初步评估。很多时候,企业只是照搬竞争对手或行业领军者的文件用语,并没有仔细分析他人选择特定用语的原因,也没有评估自身业务采用同样用语的利弊。用他人的"最佳实践"来代替自己的缜密分析,这种做法并不可取。"最佳实践"一词常常被滥用,误导企业效仿和自身情况完全不同的其他企业的做法。例如,对于免费和付费订阅的人工智能服务,消费者往往有不同的期望。付费订阅的消费者会期待企业提供更严格的安全标准,保护他们使用人工智能时产生的信息。因此,提供付费服务的企业不能照搬提供免费服务的企业的文件模板。

同理,消费者和处理电商退货的机器人聊天时,可能不会特别在意数据保护的问题,但消费者与处理医疗问题的机器人聊天时,想必会更关注机器人对个人数据的保护。企业服务的对象不同(如初创公司、大型跨国公司、公共部门实体或受监管行业),面临的审查力度也不同。但是,任何企业都会在一定程度上受到竞争对手和行业大环境的影响。企业在创建文件前必须对客户的期望和行业的常见做法有所了解,这样才能有效地定制文件,实现相应的商业目的。

企业还应厘清所需满足的最低要求是什么,以及超出该最低要求是否会给企业带来任何好处。比如,对于一个通过概率理论生成内容的大语言模型,如果企业将其宣传为一个真实可信的信息源,而不仅仅是一个文本草稿生成器,那么企业可能会因此面临过度宣传的风险。除广告外,应避免在任何文件中添加"营销花边"。例如,企业在隐私政策中经常会声明企业特别尊重消费者隐私,或企业采用最先进的安全技术来保护消费者的隐私。这些声明往往既不是法律要求的,也不容易得到证实。这些声明很少能让企业获益,但却非常容易引起监管机构和原告的质疑。

3.1.3 组织需要

如果创建文件是为了在企业内部传达运营指令,应仔细考虑并定义指令的受众。许多企业已经开始实施冗长的人工智能政策。这些政策涵盖了人工智能的方方面面,包括道德原则、多样性和包容性、训练数据的采集、自动化决策、隐私权和软件更新等话题。这些政策看似面向所有人,其实却无人关心。企业员工几乎不可能通读或记住这些冗长文件的所有细节,他们更喜欢简短而明确的规程。规程应当针对特定部门或员工群体,且传达规程的时间和地点应尽量贴近员工应遵照规程行事的时间和地点。

比如,禁止泄露机密信息或敏感个人数据的警告应该在员工使用外部人工智能服务或搜索引擎时弹出(被保密协议和数据处理协议所允许的情况除外);有关网络安全的警告应该在员工连接私人设备或远程访问企业内网时出现;有关使用人工智能生成文件的规范,可以在管理者被要求起草业务计划或评估员工表现时,对管理者再次提醒;有关粉碎机密文件的规定则最好附在办公室的打印机上。

制订规程时,企业还要考虑什么样的规则可以被切实遵守。如果企业没有遵守自己发布的规程,可能会面临员工等各方的起诉(起诉者会声称自己依赖于企业规程中的保障措施,然而企业却没有遵守规程)。此外,监管机构和原告可能会以企业发布了规程但并未遵守作为依据,证明企业疏忽并违反了自己承诺的义务。为了降低此类风险,企业可以在规程中添加免责条款(如本书第六章所示),声明该文件仅为内部指示,企业无意使任何人依赖于该文件或基于该文件产生任何对权利或隐私的期望。更重要的是,企业应当制定范围更窄的规程，从而确保制定的规程能被遵守。

3.2 受众是谁？

在回答了为什么创建文件这个大问题之后，应确定文件的受众范围。在确定受众范围之后，下一步应选择适当的语言风格，评估哪些细节需要详细解释，哪些细节可以默认读者已知，还有哪些要点需要加以突出。

例如，如果受众是监管机构或律师，文件中应尽可能准确地使用法律用语。在起草文件时，应仔细对照相关法律文本和其他参考资料，以确定法律对文件内容、结构、术语、形式和送达方式的最低要求。可以假定文件的受众是熟知法条的，并应当把撰写文件的重点放在阐述企业的具体情况上，在阐述时给出相关事实依据。另外，企业还可以在文件中依次列举法规中的各项合规要求，以便受众能够高效地核对企业是否符合每一项要求，从而优化受众的审阅体验。

相反，如果文件的受众是消费者或是法律部门以外的员工，则应先就文件的背景向受众做一些基本解释，并使用日常用语来表述文件的内容。比如，在一份涉及人工智能应用程序接口（Application Program Interface，API）的使用协议中，可以将"客户"和"供应商"作为术语使用，但当同样的内容被放在一份面向消费者的网站使用条款中时，最好使用"您"和"我们"这样的日常用语。

如果创建文件是为了满足营销需求或向员工传达有关数据处理和隐私保护的相关事宜，应根据具体需求来调整文件的内容、结构、术语、形式和送达方式。应从最重要、受众可能最不了解的内容入手，使用受众熟悉的词语，并在最可能产生预期效果的时间和地点传达文件。例如，如果企业想吸引潜在客户选择其人工智能产品或服务，且这些产品或服务具有卓越的准确性或安全性，那么企业应该在广告、产品说明和其他文件中宣传这些功能，以便潜在客户在作出购买决定时阅读。相比之下,隐私声明或服务条款不太适合被用于广告目的。大多数消费者不会阅读隐私声明或服务条款,但原告律师和监管机构则会仔细阅读这些文件。因此,这些文件中任何过度营销的语言都可能对企业不利。此外,如果文件的目的是让员工遵守企业关于人工智能的规定,企业应考虑用电脑弹窗向员工推送这些文件,而不是将其埋藏在冗长的政策声明、标准合同条款或厚厚的员工手册中。政策声明等文件理论上可以作为企业对员工作出纪律处分的依据,但是这些文件往往无法从根本上预防违纪行为。因此,企业应考虑在何时何地、用何种方式才能把文件的内容有效地传达给员工。多种新旧媒介可供选择,包括实时屏幕弹窗、视频和音频提示、互动问答和警示标志等。

为了有效实现文件的目的,建议在文件标题中指明文件的目标受众。如果企业的人工智能政策文件没有针对特定受众,那么应当反思该文件的目的是什么;是指导员工如何开发或使用人工智能还是向社会大众传达企业与人工智能相关的行为准则,抑或向相关数据主体披露企业的自动化决策相关措施? 如果文件标题不足以让人判断文件的目标或受众,那么这份文件很可能是多余的。

3.3 区分文件类型

大多数企业在遵守人工智能法律时需要以下几类文件:

- **法律备忘录**,即律师解释合规要求、诉求和辩护论点的文件。如果企业将备忘录保密,并将其划入"律师—客户特权"(attorney-client privilege)的范围中,那么企业在被传唤或被起诉时,无须将该文件披露给传唤的当局和案件的原告。大多数法域都承认律师—客户特权,以便企业与法律顾问沟通,从而让企业更好地理解和遵守法律(本书并不具体涉及中国法律对律师与客户之间沟通内容的保护)。为了维护这一特权,企业必须对沟通内容保密。在德国和其他一些法域,企业可以让外部法律顾问代为保管法律备忘录,以便应对"黎明突袭"。"黎明突袭"是指欧洲的监管机构有时会突袭美国企业设立在欧洲的子公司,搜查并没收其法律文件。这些突袭一般在黎明发生,因为那时美国总部的管理层还在熟睡。如果欧洲的监管机构在"黎明突袭"中发现有机密信息的法律备忘录,他们往往会没收这些文件,无视律师—客户特权。因此,企业可以选择不把这些文件放在自己的办公场所,而是交由外部法律顾问代为保管。

- **影响、合规和风险评估**,即企业解释自己是如何遵守适用法律的文件。在进行风险评估时,企业应尽量将这些文件保密,并像对待法律备忘录一样将其划入律师—客户特权的范围。完成后的评估结果应被保留,以便在审核或诉讼时作为企业法律合规的证据,向有关部门披露。

- **通知**,即企业用于对外传达重要事实或依法披露信息的文件,包括提醒和警告。例如,通知可以被用于提醒消费者他们正在与人工智能聊天机器人交流,提醒求职者他们的简历正在被人工智能筛选,以及提醒登机乘客人脸识别系统正在验证他们的身份。通知主要用于法律目的,其受众是所有可能被企业的人工智能所影响的人。

- **同意书**,即企业寻求许可的文件,包括许可和放弃声明。例如,请求用户同意企业将用户输入人工智能的信息用于训练人工智能。同意书主要用于法律目的,其受众是企业须依法征得同意的个人或法律实体。

- **协议**,即企业用于创建或修改有关人工智能的各项权利和义务的文件,包括免责声明和许可协议。例如,有关人工智能准确性的免责声明(用以限制企业责任),与出版商签订的著作权许可协议(用以明确训练数据的著作权归属),与承包商签订的数据采集服务协议(用以从公共网站上采集训练数据),以及人工智能开发者、提供商和用户之间的服务协议。有些协议专门用于法律合规,如企业根据 HIPAA 与医院签订的业务关联协议(用以部署人工智能来回答患者问询),又如企业根据 GDPR 签订的数据处理协议。有些协议则服务于商业目的,如在线用户协议。协议的受众可以是个体用户、企业用户或人工智能提供商,也可以是作为签约方的员工个人。后者包括员工发明转让协议和员工数据安全协议。

- **操作规程**,即对于如何开发、提供或使用人工智能的说明。规程通常服务于组织需求,其受众通常是员工和承包商。

- **数据提交表**,即企业允许或要求他人提交信息的文件,如数据主体的请求、消费者的反馈等。数据提交表的形式多种多样,包括调查表、求职者问卷、账户注册页面、收集用户偏好的表格,以及举报侵权行为的表格。这些表格可用于法律、营销和组织运作目的,其受众也各不相同。

企业、立法部门和监管机构常常使用不同的文件术语体系。具体来说,"政策"(policy)一词通常指通知(如网站隐私政策)、规程(如企业展开调查的流程)和政策声明(如企业记载合规手段的文件)。"政策"一词常常在文件中被混用或滥用。一个名为"人工智能政策"的文件常常包含着各种市场宣传、内部指示和外部通知,这种情况在大企业中尤为普遍。但是,多用途的文件并不一定能有效地服务受众,达到目的。敲定文件名时应结合法律、行业惯例和受众预期综合考虑。如果没有其他决定性的因素,文件名最好与相关法律要求保持一致。例如,美国加利福尼亚州法律要求企业使用"网站隐私政策"和"隐私通知"来告知数据主体企业如何处理他们的数据。无论最终使用什么标签,企业都应确保标签不会模糊文件的目标和受众。

每个企业对文件的需求各不相同。企业可能不需要表3-1中的某些文件,也可能需要表3-1中没有列出的其他文件。但是,如果企业合规刚刚起步,不妨按照表3-1逐一筛查企业是否已有或须增设下列文件。

表3-1 文件类型示例

类型	标题	受众	主要目的
法律备忘录	人工智能合规要求	管理层、决策者	合规
通知	网站隐私声明	网站访客	满足法定通知要求

续表

类型	标题	受众	主要目的
通知	美国数字千年著作权法通知	著作权人	缓解由人工智能用户侵权为企业带来的辅助责任风险
	关于自动化决策的提醒	自动化决策的对象（如求职者）	满足法定通知要求
	员工隐私通知（关于工作文件、电脑监控、举报热线等）	员工	满足法定通知要求（如在欧洲）或消除员工隐私预期（如在美国）
	数据安全事件通知	客户、员工、监管机构	满足法定通知要求，减轻损失
同意书	人工智能研究项目知情同意书	研究参与者	遵守通用法则（Common Rule）和有关人类课题研究的各项法律法规
	使用用户输入人工智能的内容进一步训练人工智能的知情同意书	人工智能用户	满足法律要求或用户期望
	著作权许可或弃权声明	训练数据的提供商	满足法律要求
协议	人工智能开发和使用协议	开发者、提供商、用户	确定商业条款
	网站使用条款	网站访客	允许或禁止网络爬虫等数据采集工具访问网站，从网站中获取人工智能的训练数据
	保密协议、数据安全协议	独立个人承包商、员工	确保个人数据安全，防止第三方违约，确保数据所有权，满足合规义务
	技术、管理和组织数据安全措施（TOMs）说明	供应商、客户	满足数据处理的法律要求，规定数据安全措施和限制

续表

类型	标题	受众	主要目的
协议	基于标准合同条款、HIPPA、支付卡行业（Payment Card Industry, PCI）标准的数据传输处理协议	数据处理者	确保个人数据安全,遵守从EEA跨国传输数据的限制
	数据隐私官任命书	数据隐私官	满足法定要求,定义任期、权利、职责和限制
操作规程	人工智能使用政策	所有员工	企业内部运行（如限制人工智能使用范围,限制向人工智能输入个人信息）
	信息安全政策	信息技术部	设定安全措施、技术、流程,满足法定义务
	数据获取政策	人工智能开发者	规范使用"抓取"等手段获取数据的行为
	外部代码使用政策	程序员	指导程序员规范使用开源代码,或合规使用人工智能编写代码
	数据保留政策	信息技术部、用户群组	规定数据的最长和最短保留时间
	直接营销政策	销售部、市场推广部	遵守反垃圾邮件法
数据提交表	数据主体要求访问、更正、删除数据的申请表	数据主体	遵守相关法律
	用户向聊天机器人、搜索引擎输入的信息及反馈	用户	征求用户信息
	著作权侵权或内容问题投诉表	用户、第三方	降低与第三方产生法律纷争的风险

续表

类型	标题	受众	主要目的
	在线注册表	消费者、员工	用户认证
描述性文件	风险评估	企业法务部门、监管机构	获取或提供法律建议，向监管机构证明企业合规
	合规档案	数据保护机构	遵守相关法律（如GDPR第5.2条、加州《适龄设计规范法》案）或合规项目管理
	技术、管理和组织数据安全措施	企业数据处理服务的商业用户	定义有关数据安全的合同标准，满足市场对服务供应商的要求

3.4 法律建议、风险与合规

企业在研究合规要求或应对诉讼过程中接收和生成的法律建议时，都应对其予以保密，并归入律师—客户特权保护之下。在准备人工智能合规文件时，由于时间和资源的限制，一些潜在风险及其防范措施可能不会被纳入最终的合规文件。将这些风险及防范措施书面记录下来，并作为寻求法律建议的基础，能帮助企业更有效地应对所有风险。但是，关于这些风险及防范措施的初步讨论最好被保密，并赋予律师—客户特权。一是因为这样有助于讨论者畅所欲言，开诚布公地分析所有风险。二是因为风险一旦发生，原告和监管机构可能会引用未经保密的文件来指控企业。因此，企业应区别对待以下两类文件：(1)需要保密并享有律师—客户特权的风险评估和法律建议文档；(2)在必要时可公开披露，以支持企业合规计划的文档。

3.4.1 律师—客户特权

为了维护律师—客户特权，企业必须满足不同法域的不同要求。一般来说,企业必须确保其律师在特权适用的法域拥有执照,并且企业不与无须知情者分享受特权保护的文件内容。如果企业对受特权保护的文件给予适当标记和保护,美国的法院和监管机构通常会承认并尊重文件的特权。但是,欧洲和其他法域的监管机构可能会在"黎明突袭"中从企业的办公场所没收文件,包括享有特权的文件。对于敏感话题,跨国企业应谨慎决定由谁来准备及提供法律建议,以及在何处保存相关的法律备忘录。

当企业应对网络安全事件、调查或诉讼时,应优先考虑文件是否享有特权。在开始制订人工智能合规计划时,也应首先考虑哪些文件应享有特权。享有特权的文件虽然保密性更强,但也有可能会降低计划实施的便利性。企业必须在文件的保密性与实施计划的便利性之间寻找平衡。

本书第四章将详述在人工智能影响评估中应考虑的风险和防范措施。

3.4.2 合规证明文件

在根据律师—客户特权提供或获得法律建议后,企业应着手准备可以证明企业合规性的文件。这些文件可以被用于回应客户询问、审核、监管机构索取信息的要求、传票以及集体诉讼中原告提出的取证动议。在与律师合作期间,企业应根据特权保存文件草稿,并采取严格的保密措施。

企业必须能证明自己遵守了各项与人工智能相关的法律,包括 GDPR 和美国纽约市于 2021 年颁布的有关自动化就业决策工具第 144 号地方法案。准备合规文件也可以帮助企业应对并购交易中的客户询问和尽职调查中的信息请求清单,并在诉讼中对企业潜在的过失进行辩护。此类说明性文件也有助于企业对各项新老业务的合法性进行审查,例如,审查企业向某法域的用户所提供的人工智能产品是否合规。

为准备此类文件,可以首先列出必须处理的各项法律要求,然后在每项要求旁描述企业目前的实际操作。例如,可以将 GDPR 的每项原则和人工智能的其他合规要求一并复制粘贴到空白文档中,用分页符分割,然后针对每项要求,说明企业是如何处理的。在定稿或分享该文件之前,请确保文件所描述的合规操作是准确充分的(如不充分,建议企业及时做出改变),并且与企业向用户(在产品规格、条款、隐私声明或广告中)、政府机构(在申报备案中),以及业务合作伙伴(在合同中)所做的陈述一致。即使规模较小的企业,也会受益于创建合规档案,以便整理企业的各种合规任务和解决措施(如著作权批准、许可、隐私声明、申报、数据保护官任命、数据传输协议和相关政策的制定)。这也有助于企业确保其向监管机构传达的所有信息具有一致性。

审核和咨询公司通常建议企业在启动合规项目时进行差距评估(gap assessment),以确定需要补救的合规缺陷。拥有成熟合规计划的企业可以从这种方法中受益。但是,审核和咨询公司往往会出具一份份冗长的报告。这些报告虽然能指出企业合规的重大问题,但是很可能不受律师—客户特权的保护。如果企业不能迅速弥补报告中指出的不足,进行差距评估反而会增加企业的风险和责任,产生适得其反的效果。在 GDPR 和 CCPA 的合规准备阶段,许多规模较小、技术水平较低的企业在差距评估上花费了过多的时间、资源和预算,企业还不如循序渐进地一条条应对合规要求,解决已知的合规缺陷。一般来说,企业首先应专注于解决合规问题,记录所采取的积极合规措施,然后再进行审核和差距评估。

根据 GDPR,如果企业的数据处理方式可能对数据主体造成较高风险,企业必须进行数据保护影响评估,将评估结果记录在案,并咨询企业的数据保护官。通过数据保护影响评估,如果企业作为数据控制者发现某个数据处理的方案会导致高风险,则必须咨询数据保护机构。数据保护机构很可能会否决这个高风险的方案。在实践中,数据保护影响评估不仅可以帮助企业决定如何充分降低风险,也可以用来记录企业不咨询数据保护机构便实施某方案的理由。

自 2000 年始,美国和加拿大的政府机构就被要求实施隐私影响评估。此外,许多科技公司多年来一直把隐私影响评估作为其产品开发流程的一部分,以确定产品使用的合法性、产品滥用可导致的直接侵权责任或辅助责任,以及产品获得商业成功的可能性。为了解决人工智能带来的问题,企业可以进行多方位的人工智能风险评估。针对要咨询数据保护官或数据保护机构的部分,单独创建一个法定数据保护影响评估文件,以简化个人数据保护的审查流程。

无论法律是否有明确规定,企业都应评估每个新产品、新流程对隐私、安全和其他个体权益的影响,并在设计和实施过程中记录企业采取的风险防范措施。企业可以利用这些评估文件为产品开发者制定"隐私嵌入式设计"指南,完善产品和服务规格,起草用户使用说明,回答潜在客户有关产品使用的问题,对产品滥用引发的辅助侵权责任进行辩护,以及回应数据保护机构或消费者保护机构对企业的审查及质疑。

在数据保护影响评估文件中,企业至少应说明:

- 新产品、服务或流程的运作方式;
- 涉及的数据类别、主体、控制者、处理者、供应商和接收者;
- 数据处理操作、数据处理目的和数据控制者的利益;
- 数据主体的潜在风险;
- 产品、服务或流程中的风险控制措施(如为应对风险而设想的保障措施、为保护个人数据和证明企业合规而实施的安全措施和机制),这些措施须考虑到数据主体和其他相关人员的权利和合法利益;
- 用户可以采用的风险控制措施;
- 向数据主体提供的通知和选择;
- 评估数据处理操作的必要性及与数据处理目的的相称性;
- 平衡数据控制者和数据主体的利益;
- 对数据处理提案进行合理性总结。

为了提高效率,企业应尽量在一份数据保护影响评估中涵盖同类的产品、服务和流程,并保证文件简明扼要。与大量复杂而冗长的评估报告相比,企业更容易从一些考虑周全、可操作性强、并涵盖所有高风险业务点的文件中获益。为了使法律顾问和数据保护官能更快、更有效地就隐私法问题给予企业建议，企业应向他们准确陈述数据保护影响评估所需的事实。

3.5　通知

法律对通知的规定往往比对其他文件的规定要多。对于通知类文件，注意细节尤为重要。

- 大多数有关人工智能的法案及其草案都把通知规定为最低标准，如果企业使用自动化决策工具和人工智能聊天机器人，则须根据 GDPR 和加州法律发布相关通知。随着人工智能立法的发展，不久之后，企业将必须在其他业务领域发布额外的通知。
- 如果企业不按要求发布通知，数据主体和监管机构很快就会发觉企业合规的漏洞，并开展调查或监管行动。
- 通知是征得同意的条件和基础。如果没有适当的通知，人工智能的研究参与者或数据主体就无法给予知情同意。

企业在隐私声明中要披露哪些信息取决于企业须满足哪些具体的法律法规。有些企业会在网站隐私声明中详细描述其面向企业客户的人工智能或数据处理服务。例如，某些提供软件即服务（Software-as-a-Service，SaaS）的企业可能不仅会在网站隐私声明中描述其收集网站访客数据的做法，还会阐述其服务运行的细节，以及其保障数据安全的措施。这种做法不仅没有必要，而且往往也不合适。企业作为服务提供商（数据处理者）仅仅是代表企业客户（数据控制者）处理客户的员工、消费者或其他数据主体的个人数据。将数据处理的细节通知数据主体，是数据控制者而非数据处理者的义务。如果企业作为服务提供商直接将通知发给客户的员工、消费者或其他数据主体，对于企业来说不仅没有好处，反而可能导致以下后果：

- 容易使数据主体(错误地)认为企业须承担起数据控制者的责任,而有些属于数据控制者的责任,企业作为服务提供商无法承担。例如,在服务提供商与数据控制者的协议中,数据控制者往往会就服务提供商对数据的使用权设限,除非违反协议中的限制,服务提供商往往无法满足数据主体关于数据访问和数据更正的要求。
- 将自己暴露在对数据主体承担直接责任的风险下。
- 与数据控制者发布的通知相矛盾,这可能导致数据主体的误解,并引发相应责任。
- 自我设限,导致无法满足数据控制者的定制要求。

同理,使用人工智能服务的企业不应任由服务提供商代表自己发布通知。如果企业使用人工智能是出于自身目的,企业应该是发布通知的主体,且通知内容应包含服务提供商从事数据处理活动的信息。服务提供商可以协助企业准备通知,为通知提供技术细节的补充,但是服务提供商的描述是否准确,最终还是要作为数据控制者的企业来确认。企业可以通过合同和审查等方式,确保服务提供商的实际行为符合其在通知中的描述。

3.6 警告

警告作为一种重点尤其突出的通知形式,能够有效引起接收者对某些特定风险的注意。对于人工智能提供商来说,向用户发出关于人工智能可能存在特定风险的警告至关重要,如指出人工智能生成的内容可能存在准确性问题,或者提醒用户不应向人工智能系统提供敏感个人信息等。通过设置醒目的警告,提供商不仅能够降低人工智能可能对用户及第三方带来的伤害风险,还能有效地减轻一旦伤害发生时自身可能面临的法律责任。

警告应当简明扼要,并应在最能够产生作用的时间和地点醒目地出现。如果将警告隐藏在冗长的隐私声明或使用条款中,即使企业能在法律纠纷中引用警告为自己辩护,但警告实际规避风险的作用十分有限,因为很少有员工和消费者会阅读冗长的文件。

人工智能聊天机器人的提供商可以实施一种策略,通过设置一个过滤器,在用户尝试提交个人健康信息等敏感数据时自动触发警告。此外,警告信息可以直接嵌入聊天机器人的回应中,或者通过一个独立的弹出窗口显示,警告内容可以是:"请注意,避免输入任何敏感个人信息。更多信息,请参阅我们的使用条款和隐私政策(附上超链接)。"实际上,一些聊天机器人已经在对话过程中开始向用户发出警告,提示用户注意:机器人没有提供法律建议的许可,机器人的训练数据不涵盖最新时事,用户必须自行验证机器人输出内容的真实性,不得依赖输出内容或将其作为事实传播。

3.7 同意

有些法律规定,企业在从事某类活动之前必须征得相关主体的同意(consent, agreement, assent)。同意有时也被称为接受(acceptance)、批准(approval)、授权(authorization),以及许可(license, permission)。例如,根据美国《计算机欺诈和滥用法》,未经或超出计算机所有者的授权,任何人不得以训练人工智能为目的,访问计算机获取信息,这包括从使用条款明确禁止信息采集的网站获取信息和从网络服务器中获取信息。根据美国著作权法,未经著作权人许可,任何人不得以训练人工智能为目的复制受著作权保护的作品。同时,除非个人同意,企业不得使用个人的姓名、肖像或身份来宣传人工智能产品或服务。根据 HIPAA,医院如果要在法定许可范围外使用患者健康信息,必须获得患者的特定授权。根据美国的"通用法则"和欧盟有关临床试验的规定,企业在进行临床试验和其他人体研究之前,必须获得研究参与者的知情同意以及伦理委员会或机构审查委员会的许可。根据欧洲数据保护法,企业在发送营销邮件或在消费者计算机上放置小型文本文件(cookie)

之前,必须事先征得同意,除非具体的例外情况适用。

3.7.1 必要同意、有益同意及可选同意

除了同意绝对必要或绝对不足的情况下,企业常常面临是否可以或是否应该征得同意的选择。例如,根据欧洲数据保护法,自动化的数据处理在默认情况下不被允许,但如果企业征得了用户的同意,就可以把用户输入人工智能的个人数据用于人工智能的训练。作为征求同意的替代方案,企业还可以与数据主体签订协议,明确要求企业处理数据,或允许企业依据自身的合理利益来处理数据。在实践中,这些替代方案的可行性仍然存疑。利益权衡的过程中含有大量的主观判断,而且合同约定的数据处理是否真的有必要也有争辩的空间。以防万一,企业通常还是会征求数据主体的同意。此外,对于尚未制定数据隐私法或数据保护法的国家,当地律师常常建议企业还是要获取数据主体的同意。这是为了防止数据主体基于一般性的侵权法条或宪法原则,对企业的行为提出质疑。

在决定征求同意之前,企业应该思考以下问题:

- 是否有任何法律限制数据主体同意的有效性、作用或范围?法律是否为获取同意设置了特殊的形式或实质条件?例如,当牵涉未成年人时,企业可能要单独征得其监护人的同意。

- 获取并追踪同意是否有可操作性?在线零售商在账户注册和购买过程中可以相对容易地获得购物者的同意。但是获取同意也会降低购物体验的流畅性,使一些消费者望而却步,从而减少交易量。另一方面,人工智能的开发者常常要从各个网站上采集训练数据,但想要让网站的运营商同意数据采集却是一件非常困难的事。如果获得有效同意太难,除非法律上有明确要求,否则最好不要询问。

- 是否有政府机构、工人委员会、工会领导层或其他机构反对企业征求同意?例如,数据保护机构、消费者保护协会和员工集体代表常常对企业就

无关事由征求数据使用同意的做法持怀疑态度,他们抱怨企业通过"黑模式"(dark pattern)操纵数据主体以获取同意的过程。在就业方面,许多欧洲数据保护机构默认员工给出的同意是无效的,因此企业须考虑其他合规方法,以避免与监管机构发生冲突。

- 征求同意对企业现有业务关系的影响?通常情况下,如果企业向员工、消费者或业务伙伴提出要求,对方会期望得到一些回报。同理,如果企业要求他人给予同意时也向他们提供某种利益,企业通常能更容易地获得同意(例如,企业向用户提供人工智能聊天机器人的定制服务以换取把用户信息用于训练聊天机器人的权利)。但是,如果企业寻求同意的目的对被征求同意者没有好处,甚至可能对他们产生不利影响(例如,出于安全目的对员工进行监控),那么获取同意会更加困难。因此,企业须考虑可以给数据主体提供何种回报,促使数据主体自愿同意。

- 如果被征求同意者拒绝同意,企业能做什么?又将做什么?如果企业无论如何都要继续执行这项业务,那么征求同意可能不是一个合适的选择,除非这项业务可以仅针对给予同意的主体开展。

- 如果给出的同意被撤回,企业能做什么?又将做什么?如果企业无法接受这种情况,那企业一开始就应该寻求一种不要求获得数据主体同意的合规方式。根据欧洲大多数国家的数据保护法,数据主体有权自由撤回同意,但是,根据各地的著作权法,一般情况下,著作权人可以给出不可撤回的同意许可(irrevocable license)。为了防止同意被撤销,企业还可以在协议中规定撤销同意一方须承担的后果,例如,企业可以在合同中规定,数据主体须赔付因其撤销同意而给企业造成的损失(如业务损失、成本费用等)。然而,此类协议有可能会被认为是霸王条款或者无效的黏附合同,企业与员工和消费者签订此类协议的合法性仍然存疑。

- 当企业要扩大或修改同意范围时,是否准备好再次征求同意?假设企业在不必要的情况下征求并获得了同意,同意方会认为,如果企业对同意的实质内容或范围作出任何改变,则须再次征求自己的同意(有时,这不仅是同意方的一种心理预期,也是他们的合同权利)。

- 征求同意是否牵涉其他法律制度、审查和管辖权？例如,德国消费者保护组织可以根据德国的法律对不正当的合同条款提取质疑,企业在同意中引用的许可条款和隐私声明也包括其中。

3.7.2 如何获取有效的同意

如果企业决定征求同意,就必须确定征求同意须满足的法律要求。例如,著作权人授予的同意可以具有排他性或不具排他性、收费或免费、可撤销或不可撤销、可转让或不可转让,同时也会涉及不同地区和活动。根据欧洲数据保护法,只有当数据主体自愿、明确且知情地表达同意个人数据被处理的意愿时,该同意才有效。如果涉及特殊类别的个人数据(敏感个人数据),有效的同意还必须是明示的。如果企业考虑把数据转移出 EEA,那有效的同意不得以含糊的语言表述。

在判断出适用规定之后,企业要留意法条和合同中的下列关键因素：

- **事先**:有些法律明文规定,企业要在实施同意指向的行为之前事先获得同意。即使没有明文规定,这一点也通常被默认包含在同意法的要求之中。

- **知情**:通常情况下,同意方必须收到足够的信息才能做出知情决定,企业可以在隐私通知或详细的许可协议中提供相关信息。

- **书面形式**:有些法律要求手写签名或合规的电子签名,甚至还要证人和公证手续。例如,根据加州于 1981 年颁布的《医疗信息保密法》(Confidentiality of Medical Information Act),企业在寻求书面同意时,必须使用不小于 14 号字的字体。不过,如果没有具体的格式要求,同意也可以通过口头或电子方式获得。出于取证方面的考虑,后者通常更为可取。

- **自愿**:有些法律明确规定,只有数据主体自愿做出的同意才有效；即使未明确提及自愿,大多数法律也不会承认胁迫之下做出的同意。随之而来的关键问题是,同意方拒绝或撤销同意会对其产生何种负面后果,这种负面后果又是否会使同意无效？例如,医院里的病人或试用期内的员工若想拒绝或撤销同意,往往面临着很大的压力。为了缓解同意被认定为非自愿从而无效的风险,企业应明确告知数据主体拒绝或撤销同意的后果,并判断这种后果是否过于严厉,又是否可以减轻(例如,为拒绝同意的数据主体提供其他业务模式、服务或价格)。

- **明示、积极、肯定、不含糊(及类似表述)**:根据这些要求,同意必须是由同意方采取积极行动而做出的。如果没有这些要求,消费者在注册时未取消默认同意的选框或未回应弹窗的同意提示,也可能被视为默示同意。然而,如果法律规定同意必须是明示、积极、肯定、不含糊的,那么由于消费者的不作为而产生的同意通常是无效的。为了满足这些要求,企业应当让同意方通过签署声明、点击按钮、勾选未勾选的选框或其他更积极的步骤来表示同意。

- **明确(及类似表述)**:这些要求往往与同意的范围有关(如将同意的范围限于特定的数据控制者、数据主体、数据类别和处理目的,否则同意就是宽泛而不明确的),或者与企业制定同意书的侧重点有关(如具体的数据处理方式、合同条款、项目利益、技术功能或使用建议)。例如,假设一个电商平台向消费者提供9折优惠,条件是消费者须使用特定信用卡公司的卡进行支付。在这种情况下,电商可以要求消费者为了这一特定目的,同意将其个人数据一次性传输给信用卡公司,这种同意被视为明确的。相反,如果电商要求消费者同意接收所有"来自可信商业伙伴的特别优惠",而没有具体说明信息披露的频率、数据接收方的身份和数据处理的目的,则此类同意被认为不够明确。

- **单独或可区分**:某些法律[如美国的 HIPAA 和《公平信用报告法》(Fair Credit Reporting Act)]要求企业必须通过单独的文书来获得同意,不能将同意条款与其他声明混合在一起。这样做的目的是让数据主体明确认识到同意在数据处理中的重要性。按照 GDPR 的规定,企业在提出同意请求时,必须使用清晰、明确的语言,确保同意条款易于区分、容易理解,并且方便数据主体访问。

3.7.3 选择加入、选择退出及中间地带

消费者、员工和大众往往不会自主制定或规划同意书的范围或条款。一般情况下,企业和政府机构会预先准备好标准的同意书模板,并向需要提供同意的个人发出。这种做法能够统一数据处理流程,同时也便于验证是否已获得同意。相反,如果企业不是通过预先准备的同意书,而是通过在线聊天或电子邮件的方式来获取同意,将不可避免地需要解释和记录获取同意的过程,从而给企业的合规工作带来挑战。

同意机制示例。在确定同意机制时,企业须考虑相关法律规定,并认识到数据主体可以通过多种方式表达同意,这些方式根据同意的明确程度可分为以下几类(从最明确到相对较不明确排列):

(1)在明确告知数据处理行为的纸质表格上签名。

(2)在线点击明确数据处理行为的两个可选框(点击前属于未勾选状态),一个是数据主体声明已了解同意范围的选框,另一个是数据主体确认给予同意的选框(又称法式双击程序)。

(3)在线注册后,回复系统自动发送的邮件,确认数据主体已阅读并理解同意请求,并愿意给予同意(又称德式双重加入过程)。

(4)在线勾选一个未被默认勾选的选框,允许人工智能提供商使用数据主体输入人工智能的数据来进一步训练人工智能。

(5)在网络聊天或通话中被问及是否同意通话被监控或录音,明确回答同意。

(6)签名或勾选一个未被默认勾选的选框,同意合同中预设的同意声明(如网上银行服务协议、自动租车协议、免费网站的使用条款)。具体

实施的方式包括以下两种：

1）为了满足 GDPR 等法律要求，同意声明可以放在长文件的开头或结尾，标题用（英文）大写字母或粗体字单独标出，以明确与其他条款区分（但在实际操作中，同意声明常常被放在长文件的中间位置，也没有任何特殊的格式用以吸引数据主体的注意）。

2）含有同意声明的文件可以如此展示：

①放在独立窗口中，网站访客的光标必须划过整个声明才能继续浏览网站内容；

②放在网站访客正在浏览的页面上，如"同意"或"不同意"按钮的下方或上方；

③放在单独的网页上，数据主体可通过点击置于同意按钮上方或下方的超链接访问该网页；

④在网页底部设置名为"数据隐私"或"法律"的超链接，将同意声明放在链接指向的网页上。

(7) 在线注册或类似流程中，未主动取消勾选允许数据处理的选框。

(8) 在线注册或类似流程中，收到允许退出自动化决策等数据处理的通知，但未行使该通知赋予的权利（如企业向数据主体提供企业隐私声明的链接、告知数据主体可以通过重置"用户偏好"退出不再接收个性化服务或取消订阅营销邮件，而数据主体收到通知后没有行动）。

(9) 在收到通知，得知可以拒绝对通话的录音后，未采取任何行动，继续通话。

(10) 在收到及时、明确和醒目的通知，得知可以退出某些数据处理活动（如自动化决策）后，未采取任何行动。

(11) 在收到一次性或年度通知，得知可以选择退出某些数据处理活动后，未采取任何行动。

在上述所有情况下，同意方都可以说是给予了同意。如果法律仅仅要求同意,而没有规定同意的其他属性,那么上述所有方案中描述的同意,都可能是充分的。但是,企业还应该考虑下文提到的其他因素,以确定是否能在特定情况下获得法律要求的同意。

合同签订前或签订后。一个普遍适用的重要因素是,企业是在签订合同前还是在签订合同后向数据主体提出同意请求的。签订合同前的例子包括在用户完成注册或提交在线求职申请前出现的同意声明。签订合同后的例子包括在安装已购买软件时弹出的同意声明,以及雇主在签订雇佣合同后要求雇员同意工作场所的监控措施。在合同签订之前,如果数据主体选择接受企业提供的好处(如提供在线服务或求职机会),那可以从数据主体的行为推断其同意了企业单方面提出的条款。但在合同签订后,数据主体则拥有合同权利。除非数据主体的合同权利是以数据主体给予同意为条件的,否则法院通常不会因为数据主体没有采取反对行动就认定数据主体同意合同关系的变更,因为在这种情况下数据主体并未获得额外利益。因此,当企业与数据主体形成合同关系后,要更加注重获取同意的肯定性和明示性。

显著。如果需要征得同意的活动会对同意方造成不利或是意想不到的影响,企业应考虑实施更显著的同意机制,即上述清单中排位靠前的机制。即使法律没有严格要求,在数据主体可能面临伤害的情况下,同意声明有效性被质疑的风险更高。相反,如果需要征得同意的活动对数据主体造成的影响甚微,或者活动符合人们的普遍预期(例如,为支持网站功能而放置的小型文本文件),企业只需使用不显著的同意机制即可。如果企业对所有类型的活动都无差别地采用"中间道路"式的同意机制,必然会导致消费者的不满或麻木,从而产生不利的商业影响。如果大多数的同意请求都无关紧要,消费者就再也不会仔细阅读同意通知,而是不加区分地点击"接受"同意(对于必要的同意,消费者的麻木会损害同意的有效性)。

默示同意(沉默即同意)。大多数的法律体系认为,沉默和不作为并不意味着同意。因此,上述清单中第10项和第11项往往不足以构成有效的同意。

特别是在数据主体已经同意了某些条款,而数据控制者后续以通知的形式单方面变更条款时,数据主体的沉默或不作为基本不会被视为同意。只有企业一开始就(以通知的形式)明确且有效地保留了对条款单方面变更的权利,沉默才有可能被视为同意。许多企业在其使用条款中保留了单方面更改条款的权利,特别是与免费服务有关的条款,但根据某些国家的消费者保护法,企业如此广泛地保留更改权利,很可能是无效的。

肯定、明示同意。 一些法院、监管机构、评论家和律师可能会声称,如果适用法律要求明确或肯定的同意,则企业必须通过未预先勾选的选框来获取有效同意。然而,这一观点还尚未经法院充分认证。在采纳这种观点之前,企业应细致审阅相关法律规定并权衡各种可用选项的优缺点。在日常用语中,"肯定"和"同意"被视为同义词,均表示赞成、正面回应或肯定。但是,当"肯定"与"同意"联合使用时,"肯定"不仅仅意味着同意,更倾向于指通过积极的行动来表达的同意。同样,"明示"指的是一个人通过积极、有意识的行为来表达同意,而不是通过被动或默示的方式。除了第10项和第11项之外,同意方都采取了积极行动来表示同意。因此,在第1项至第9项的情况下,数据主体都可以被认为是以积极和明示的方式表达了同意,只要企业提出的同意请求足够显眼,那么数据主体完成的注册或购买的行为就可以被视为表达了同意。然而,一些企业可能会尝试通过某些设计(如用简洁醒目的方式或显眼的颜色展示"同意"选项,使其相对于"不同意"选项更加突出)来诱导用户给出同意,这种做法也被称为"暗模式"(dark pattern)。这类试图操纵用户的做法很难证明所获得的同意是肯定、明示和自愿的。

捆绑式同意。 在第6项至第9项中,当同意同时涵盖多个不相关的内容时,监管机构和法院可能会质疑这种做法的适当性。技术上,虽然包含多个方面的同意不一定缺乏"明示性"或"肯定性",但欧洲数据保护委员会认为,为确保数据主体的同意自愿性不受影响,企业应为每一种数据处理目的提供单独的同意选项。如果企业在用户注册过程中使用一个明显的、加粗放大的提示,如"您确定要同意我们处理您的个人数据吗？请在继续前认真考虑"或相似的措辞,那么所获得的同意声明将更为明确和肯定,相比之下,仅通过难以阅读的小字获得的同意可能不那么明确或肯定。但在实际操作中,如果企业选择第1项到第5项的方法,并要求数据主体对特定目的作出独立、有针对性的同意声明,可以有效降低监管机构或法院对同意有效性的质疑风险。

3.7.4　超出选择同意的范围

除获取肯定的同意之外,企业还可以采取额外行动来核实和确认同意方真正了解情况且同意出于其真实意愿。一般来说,企业无须额外核实员工、消费者或著作权人给予肯定同意的自愿性。反复确认同意的意图可能会引起同意方的不解和厌烦。然而,在提供创新、复杂的技术和服务时,企业对同意多加确认,利大于弊。这些技术和服务的功能往往是普通用户无法预料的,容易使用户产生误解,如果这种误解对用户造成伤害,企业很可能会被审查或起诉。例如,社交媒体上很多因发错信息而导致的丑闻其实都可以被避免,只要平台运营商在数据主体群发个人数据前和其再次确认(如"您确定要将此照片群发给所有关注您的人吗？")。同理,人工智能文本生成器应警告用户,人工智能生成的文本可能不准确。或许律师应该被特别提醒,人工智能在生成诉状稿时,可能会凭空捏造并引用并不存在的案例,用户须确认人工智能所生成文本的真实性,不得将其当作事实传播。总而言之,人工智能的应用越新、越复杂,用户就越不可能理解其造成的所有潜在影响,即使企业事先已做出详细的披露,并要求用户在使用人工智能前给出肯定的同意。

如果人工智能提供商能及时向用户提供简明扼要的跟进提示,用户就更有可能理解人工智能的各个应用场景,核实人工智能的输出内容,并明智地决定是否将人工智能用于特定的用途。例如,微软在其部分软件版本中嵌入了"办公助手"功能,提醒用户软件的某些功能和相应影响。同理,人工智能服务商可以在服务流程中嵌入通知和提醒功能,告知用户"输入人工智能的信息将会被用于训练人工智能"或"人工智能生成的内容不一定准确"等信息。为避免烦扰用户,每个通知或同意弹窗可以包含一个"不再显示此提示"的选项。

企业可以通过设计简短的测验或制作简要教程来介绍人工智能的功能,通过要求或鼓励用户参与,帮助他们实现真正的"知情同意"。例如,出于教育目的,社交游戏公司 Zynga 推出了一个名为"隐私镇"的小游戏,通过这个游戏,用户完成关于平台隐私功能的小测试,并免费获得游戏点数。同样,人工智能聊天机器人在对话开始前,可以询问用户对机器人输出内容准确性的理解,并在用户将这些内容误认为事实时提供自动警告,以纠正他们的误解。对于那些不愿意详细阅读通知的用户,企业可以考虑采用音频或视频教程的形式进行沟通。在网络条件允许的情况下,音视频内容在移动设备上尤为有效,因为小屏幕设备上的文字通知效果可能会受到限制,企业不能指望用户愿意在这样的屏幕上阅读长篇的通知文本。

对于智能手机和平板电脑的应用平台,如果平台运营商创建标准化的权限类别,这会对消费者非常有帮助,因为这些权限类别适用于所有应用程序,并且不仅可以在单个应用的隐私声明中查看,还可以在设备的系统设置中查看。在美国加州政府的压力下,各大智能手机软件平台的提供商皆同意推出标准化的权限设置,这树立了隐私设计的良好典范。

3.7.5 起草同意书的其他考虑因素

将通知纳入同意声明。通知和同意声明常常看起来很相似,因为在获得数据主体知情同意前,企业必须就数据处理活动细节做出充分通知。因此,在准备同意声明时,企业通常也须单独准备一份通知,又或在同意声明中引述现有的通知。

表述有针对性的同意。在起草同意声明时,企业必须确定同意的范围,即是针对某一特定活动征求具体、明示的同意，还是针对一切可能发生的数据处理活动征求广泛的同意。例如，如果企业想将消费者输入人工智能的信息用于训练人工智能，可以在网站或移动端向消费者展示一个未勾选的选框，并注明以下字样：

[ ]是，请使用我输入和反馈的信息来定制和改进人工智能系统，包括开发新的产品和服务。我明白我可以随时根据企业的<u>隐私声明</u>（附上超链接）终止上述的数据使用。

如果企业只是获得了数据主体对网站隐私政策的泛泛同意（该隐私政策中仅披露了企业的通用营销策略），这样的做法可能不会满足"明示"或"明确"同意的标准。有些法域仅要求企业获取数据主体的同意，而无须该同意达到"明示"或"明确"的程度，在这些情况下，泛泛的同意声明或许足够。执行此类做法的具体方法包括：

[ ]是，我已阅读、理解并同意网站的<u>使用条款</u>（附上超链接）。

同意声明的放置位置。同意声明应被放置在勾选框、"点击接受"按钮或签名栏的旁边，这样消费者点击鼠标或签名就可以明确表示同意。但如果同意声明出现在"接受"或"提交"按钮下面，就未必能满足要求。根据CCPA，如果同意声明的界面设计削弱了用户的自主性、决策能力或选择权，这种设计被称为"暗模式"，可能会影响同意的有效性。通常来说，如果将同意声明置于选框或签名栏的正上方或紧邻其旁，以确保数据主体意识到其重要性，这就足以满足同意的要求。

3.8 处理活动记录、数据图及流程图

人工智能开发者、提供商和用户须采取技术、管理及组织措施,确保能够有效地保护、控制和查找数据。对于企业而言,掌握自己所持有的数据种类、存储位置以及披露目的至关重要,这样做可以:(1)在隐私通知中告知数据主体;(2)遵守数据最小化、最高保留期限、数据驻留和数据删除要求;(3)处理数据主体的数据访问和删除请求;(4)通过数据处理和传输协议管理数据流动;(5)评估是否必须就数据库或系统的数据安全漏洞向数据主体或监管机构发出通知。除遵守数据隐私、驻留和保留相关法律要求外,企业还须了解其持有的个人数据详情,以便规划数据货币化、数据资产管理、转让定价和相关税务事宜,以及处理诉讼中的证据收集。然而,许多组织因将大量数据存储于传统系统、档案、备份系统以及非结构化数据库(如含有各类个人数据的电子邮件和文档库)而对所拥有数据的细节了解不足。面对众多法律合规要求,虽然企业可采取临时性数据搜索应对检查,更理想的做法是建立系统化的数据管理策略。

在开展隐私合规计划之初,企业的首要任务是收集和整理其所持有的所有个人信息。一些企业可能会雇用外部顾问来精心制作数据图或流程图,而其他企业可能选择使用内部制作的简易电子表格或其他汇总性文档。企业要找到对自身最有效的方法,而不是一味地追求简单或复杂的格式。如果数据图或流程图过于庞杂,以致不能简洁地在几页纸内展示,这可能会让读者望而却步,适得其反。通常,法律并不规定企业必须采用特定形式来组织和整理个人信息,因此企业可以根据自己的实际情况和需求来决定最合适的方法。

受 GDPR 管辖的企业必须准备"处理活动记录"(Record of Processing Activities,RoPA),该记录须包括法律要求的合规内容。数据保护机构和官员

会审查企业的处理活动记录,以获取企业数据处理活动的概览。为了应对数据保护机构和官员的检查,企业须至少保留两到三种表格:一份记录企业的人力资源数据,一份记录企业供应商和客户代表的业务联系信息,另一份记录企业产品和服务中包含的个人数据。企业最好能按照 GDPR 及类似法规的要求来构建处理活动记录,这样在监管机构提出询问时,企业能够依据法律要求提供准确回答。如果企业在处理活动记录中包含过多非必要的细节(如创建过于庞大的数据图),虽然这可能有利于企业内部数据管理,但并不是遵守处理活动记录合规要求的理想做法。处理活动记录的目的是"概述"企业的数据处理活动,过分复杂的数据图可能无法达到"概述"的目的,反而可能泄露不必要的信息。尽管企业没必要将处理活动记录与数据图完全融为一体,但至少应确保二者之间的信息一致性,避免出现相互矛盾的情况。

在处理人工智能相关事务时,企业应当明确区分训练数据、输入数据和输出数据。人工智能系统本质上由代码、权重和其他技术要素构成,并不一定包含数据库。开发者在完成人工智能系统的初始训练后,该系统可能不再需要或无法访问其最初的训练数据。然而,为了实现持续的学习和服务改进,人工智能系统可能会保留用户反馈及输入数据。此外,人工智能通常会根据预设的数据保留和删除期限,将输出的数据保留在相关系统中。开发者应预设相对较短的数据保留和删除期限,以满足隐私法的规定,避免安全事故发生,并减少过度积累数据对企业资源的消耗。

3.9 协议

在起草或谈判协议时,企业应明确区分三种类型的合同:旨在获得同意的合同,为了符合合规要求而签订的合同,以及用于明确划分与人工智能相关的权利、义务和风险的合同。关于协议起草的更多指南,详见本书第五章。

3.10 规程

虽然法律通常不会强制企业制订详细规程,但在实践中,规模较大的企业常常需要通过规程来制订和传达企业内部政策,以维持员工(包括那些从事人工智能相关工作的员工)的工作合规性。关于制订规程的更多指导,详见本书第六章。

第四章 评估影响和降低风险

在众多有关人工智能的讨论中，人们不可避免地会提到其对人类产生的威胁。考虑到开发者无法预测、解释或控制人工智能的功能和输出，其伤害风险自然会成为人们关注的焦点。出于种种原因，企业必须评估人工智能可能造成的伤害风险和负面影响。本章将详述影响评估的原因、伤害风险和责任风险之间的区别，如何记录影响和风控措施的建议，以及从 A 到 Z 的风险知识库。

4.1 定义影响、伤害与风险

在评估中，专业人员有时会随意使用影响、伤害和风险这三个术语，或者将它们作为同义词来使用，但这三个术语具有不同的含义。影响是指重大影响，可以是正面的，也可以是负面的。例如，如果一名记者根据人工智能的研究结果报道了一名政客收受贿赂，导致该政客被捕，这应该会对司法公正和报纸发行量产生积极影响，而对该政客的声誉和职业前景产生消极影响。另一方面，伤害是指负面影响。例如，对个人健康、福祉、利益、权利或财产的负面影响。如果记者根据人工智能不准确的输出而对政治家提出毫无根据的指控，被指控的政治家将受到伤害。风险是指造成伤害的可能性。例如，如果人工智能用户未能核实和纠正人工智能的输出，则会存在传播诽谤性言论的风险。

4.2 量化和定性风险与伤害

大多数人认为,对风险进行量化或定性很难,从风险的潜在发生概率中得出合理的推论也很难。例如,有些安全倡导者认为,汽车制造商在允许自动驾驶汽车上路之前应确保其完全不存在导致致命事故的风险。然而这种立场似乎并没有考虑到,如果相比于人类驾驶员,自动驾驶汽车所引发的事故明显减少,那么在提升交通安全方面,自动驾驶汽车实际上具有显著优势。

根据 GDPR 第 35(1)条的规定,当数据处理活动可能对个人的权利和自由带来高度风险时,企业有义务执行数据保护影响评估,并且将这些评估记录在案。重要的是,企业不仅要评估风险发生的可能性,而且还要评估风险的潜在影响严重性。例如,企业若仅依靠有限的网页浏览数据来训练人工智能以推送在线广告,这种方法生成的广告推荐可能不会完全符合用户的实际偏好。不过,不准确的广告推荐所造成的伤害通常很小,因为用户很可能会忽略这些广告。相对而言,假设企业经过多重审核后,决定使用人工智能或人力资源专员来筛选求职者的简历,由于整个过程经过重重审核,企业有理由认为筛选简历出现偏差的风险较低。然而,由于就业的重要性极高,一旦筛选过程出现失误,对求职者的影响可能非常严重。由于资源有限,企业不可能同时解决所有影响甚微的高风险情况和影响严重的低风险情况。因此,确定优先处理哪些风险成为企业的一项重要任务。

4.3 评估的必要性

首先,企业必须根据现有法律,对人工智能的影响和风险进行评估和记录。这涵盖了众多法律条款,如纽约市 2021 年关于自动化就业决策工具第 144 号地方法律、加州关于儿童权利的《适龄设计规范法》(California's Age

Appropriate Design Code Act，CAADCA)、GDPR，以及 HIPAA 中关于个人数据和受保护健康信息的条款。在不久的将来，企业须遵守更多关于人工智能的特定法规。

其次，本书第一章中概述的众多法律从多方面禁止企业（及其管理人员和员工）对他人造成伤害。如果企业造成或未能防止对人员或财产造成伤害，企业及其代表可能会受到刑法、民事侵权法、合同法、知识产权法和其他各种法规的制裁。

再次，法律顾问、产品开发团队和其他专业人士也须就人工智能的潜在伤害风险进行评估，以便根据具体的法律义务和风控计划提供有价值的建议。没有充分的事实依据，法律建议往往过于抽象模糊，难以奏效。

最后，鉴于时间和资源的稀缺，从业人员在确定合规和风控措施的优先次序时应考虑风险的轻重缓急。来自不同领域的专家应共同确定伤害的可能性、潜在严重性，以及风控措施的成本和有效性。企业应优先解决极有可能发生且后果严重的风险。同时，企业也应该处理严重程度较低但比较容易解决的风险，以及不太可能发生但一旦发生则会带来严重后果的风险。

4.4 伤害风险与问责

当企业考虑伤害风险及其缓解措施时，关注重点应是如何预防伤害，包括人员伤害、财产损失、侵犯知识产权、非法歧视、侵犯隐私等。在考虑责任风险及其缓解措施时，关注的重点则是无法预防的伤害及其潜在后果。

如果企业能从一开始就预防伤害的发生，则可以自动降低责任风险。但是，并非所有责任风险的缓解措施都能降低伤害的发生。例如，保险单和合同赔偿条款只能降低伤害发生时对企业带来的负面影响，而不能消除伤害发生的可能性。

由于没有人能够完全消除伤害风险，并且有时无辜者也会被起诉和控告,企业必须将重点同样放在降低责任风险上。可以通过商业合同条款来限制和转移责任,本书第五章对此有更详细的介绍。保险公司也可以帮助企业降低责任风险。

4.5 保险

大多数企业可能已经在现有的涵盖民事责任、侵权和网络安全风险的保单政策下就许多与人工智能相关的风险投保。未来,保险公司可能会将人工智能相关风险从现有保单中独立出来,改为通过附加费用提供专门的保险覆盖方案。保险公司在其他由新技术引发的风险领域也采取了类似做法,如提供独立的网络安全保险政策。

企业的个人董事、管理人员和员工应当评估是否要为自身可能的个人责任购买专门的保险。在他们代表企业行事时,如果不是出于私利或涉及恶意行为,企业通常会对其代表人造成的伤害承担责任。然而,如果监管机构或执法部门确定某位代表人的行为具有恶意,保险公司可能会拒绝赔偿,因为保险公司不得诱导个人违法或阻碍旨在阻止个人违法的处罚。尽管如此,企业应该赔偿代表人因工作相关行为或疏忽而产生的法律辩护费用。对此,企业可通过购买相应的保险来实现覆盖。

4.6 特定制裁风险与应对方案

在进行责任风险评估和排序工作的过程中,企业通常会先试图确定责任的来源、评估由特定行为或疏忽引起责任的可能性,以及诉讼与指控对企业业务的影响。风险要素常常根据企业的具体情况而有所不同,这可能包括企业的规模、经营范围、声誉、历史上的诉讼和政府指控、所在法域的风险,以及合规工作的状况。然而,有一些基本的考量是普遍适用于所有企业的,主要包括以下方面：

- 诉讼或指控可能会在哪些法域内被提出？企业在这些法域内有哪些资产和市场机会？
- 谁有可能提出诉讼或指控：政府机构、消费者、雇员、股东，还是企业客户和业务合作伙伴？
- 指控人可能会提出什么要求？如果企业必须满足这些要求，将如何影响企业的业务？
- 指控人要证明企业违反了人工智能法律，以及企业要为自己辩护，各自有多大难度？
- 诉讼或指控会如何影响企业的声誉、客户和公共关系？

企业最好能针对每个主要法域的情况初步准备以上问题的答案。一旦开始准备，企业往往会发现一些潜在风险特别高的敏感领域。企业应集中精力在这些领域开展合规和责任风控工作。以下是一些相关经验：

个人可在其居住的每个法域内根据数据隐私法提出诉讼及指控。无论侵权行为在哪里发生，著作权人都可以提出侵权索赔。但是，如果企业在某法域内有实体存在、有员工或有原告可以扣押的资产，则尤其容易受到影响。政府很少试图对境外公司进行起诉或罚款，因为跨越国界实施行政或刑事制裁的可能性很小。跨境民事诉讼相对较为普遍，但原告及其律师也倾向于回避那些无法在被告拥有资产的国家轻易执行判决的案件。

最有可能提出诉讼及指控的一方在不同的企业和法域之间存在显著差异。在大多数法域，企业无法就侵犯数据隐私提出索赔，隐私法只保护个人。但是，企业可以就诋毁、知识产权侵权、计算机干扰和不公平竞争提出投诉。此外，企业还可以在任何国家以违反协议为由提出合同索赔。

在欧洲，数据保护机构在执行数据保护法方面扮演着相对积极的角色。自 GDPR 于 2018 年生效以来，企业面临的最高罚款可达 2000 万欧元或全球年销售额的 4%，以两者中较高者为准。因此，在欧洲国家开展业务的企业最好能遵守所有正式法律要求,包括本书第一章第1.8.10部分中列出的各项要求,如张贴隐私声明、获得在线追踪同意、任命当地代表和数据保护官等。监管机构很容易发现并对企业在正式合规方面的不足予以处罚。

除了监管机构,还有其他组织和团体经常对企业在遵守欧盟数据保护法方面提出质疑。这包括致力于消费者权利或隐私保护的非政府组织、消费者保护协会、企业内部的数据保护专员、工人委员会以及其他劳工集体代表。与美国的情况相比,在欧洲,个人发起诉讼的难度更高。这是因为欧洲不广泛认可集体诉讼,潜在的损害赔偿金额也相对有限(无法获得惩罚性赔偿,实际损害赔偿通常需要证明金钱损失),并且禁止按案件结果向律师支付费用。然而,越来越常见的情况是,个人直接向数据保护机构投诉,如果机构不采取行动,个人也会将机构告上法庭。在一些欧洲国家,相较于直接对涉嫌违反数据保护法的企业提起诉讼,向机构提起诉讼更为容易且成本更低。此外,在一些欧洲国家,消费者保护和公民权利监督机构(例如,德国反不公平商业行为中心)相当活跃,他们在收到初步警告信后便会迅速提起诉讼。企业无法仅凭合同中的责任限制条款、弃权或免责声明来有效避免责任,因为根据欧洲的消费者保护法律,若企业在受德国法律管辖的标准化消费者合同中加入美国式免责声明和责任限制条款,可能会因混淆消费者而被认定为不公平竞争,从而承担法律责任。

在美国,联邦贸易委员和各州检察长会根据消费者保护法和不公平竞争法对企业提起诉讼,但他们通常只在特定备受关注的案件中和接到个人投诉后才会采取行动。加州选民在2020年大选中通过了一项投票提案,要求成立加州隐私保护局,通过实施和执行相关法规,保护加州人免受企业使用特征分析等自动化决策技术的影响。

在美国司法传统中,私人诉讼一直是执行劳动法、消费者保护法和隐私法的核心支柱,其形式包括集体诉讼和个人诉讼。即使原告无法证明自身遭受重大金钱损失,仅靠惩罚性赔偿或精神损害赔偿,其赔偿金也相当可观。

在美国,由于辩护费用相对较高,而且无论谁赢得官司,双方通常都要承担自己的律师费,因此即使是毫无意义的诉讼,有时原告律师都预测企业会提出和解。除法律明文规定的情况外,企业可以限制其责任、否认默示担保、获得免责声明、并预先确定争议解决机构,例如选择企业所在地法院或对企业有利的仲裁机构,前提是此举不会对消费者造成不公平的影响。

根据美国法律,包括点击协议(click-through agreements)等形式的合同在很大程度上可以按其书面内容执行。企业也可以执行仲裁和集体诉讼豁免协议,前提是企业须在个人诉讼中提出有利于消费者的条款作为平衡。企业必须慎重考虑各个选择的利弊,面对源源不断的个人仲裁投诉,有些企业已经从他们的协议模板中删除了仲裁条款。许多隐私法也明令禁止企业要求数据主体事先放弃权利。

关于指控人可能寻求的补救措施,请考虑以下几点:

- 政府机构通常致力于引导企业调整其行为模式。他们有时会通过处罚违规行为来起到警示作用,防止违规行为的重复。为此,政府部门经常发布禁令,要求企业停止某种特定的人工智能使用方式,有时候甚至要求企业销毁已有的系统。举例来说,美国联邦贸易委员会曾经要求某些企业提交其使用的算法和数据。在一个备受瞩目的案例中,意大利的数据保护机构(Garante)曾禁止 OpenAI 将 ChatGPT 提供给意大利的用户。

- 私人原告可能会要求企业披露、更正或删除其个人信息。然而,他们通常追求的主要是获得损害赔偿。在欧洲的法律体系中,原告通常需要证明其遭受了经济损失,而且法院不会授予惩罚性赔偿,因此这类诉讼的赔偿金额相对较小,企业对这类案件的重视程度也相对较低。但是,在美国,由于集体诉讼和惩罚性赔偿的普遍存在,这些案件往往会引起企业更多的关注。

某些类型的案件相较于其他案件,更易于被提起诉讼或进行辩护:

- 如果企业未能履行欧洲法律规定的正式合规义务,消费者数据保护协会、数据保护机构、数据保护专员、工人委员会(集体谈判领导层)等机构发现企业的违规行为并对其采取行动通常十分容易。这些机构往往无须花费过多精力,便能确定企业是否获得了必要的同意或发布了必要的通知。企业往往很难对此类案件进行抗辩,因为法律对合规所需的正式步骤规定得相对简单明确。

- 另一个常见的案例类型涉及私人原告指控企业未能履行其在广告或通告中所做的合同承诺或声明。企业的网站隐私声明常常包含过分夸大的承诺和营销语言,为私人原告提供了指控企业做虚假陈述的机会,而这类指控通常不需要复杂的法律操作。

- 如果企业只是违反了法律的正式要求,集体诉讼律师往往难以证明企业造成了实际伤害。此外,鉴于消费者在对明示或默示同意的认知程度、理解力以及阅读通知所投入时间方面的差异,各消费者所处的情况也往往不尽相同,这意味着原告律师很难说服法院基于涉及整个消费者群体的共性法律问题,将案件定性为集体诉讼。

企业关心的另一个问题是人工智能涉嫌非法行为带来的公众舆论影响。对于人工智能供应商来说,公开其人工智能产品因违法行为而受到的罚款或法律判决对其业务可能产生重大影响。特别是那些在其行为准则或环境、社会和治理(environmental, social, and governance, ESG)承诺中强调自己价值观的企业,对于人工智能违规行为的间接后果尤为敏感。然而,对于信息技术行业之外的小型企业,如那些不依赖大量高新技术的建筑公司,可能对人工智能使用失误导致的公众舆论影响不那么关注。

行动清单

- 识别并有效处理那些影响重大或发生概率高的特定风险与法律案件。
- 分析可能发生的法律案件及相应防御策略,以减轻伤害和责任风险。
- 根据各法域的具体情况定制策略,以解决不同地区的法律风险。

4.7 注意保护客户特权与保密性

如本书第三章所述,当企业探索法律要求、具体风险、责任或索赔时,保持法律建议的保密性并尊重律师—客户特权是至关重要的。在撰写涉及人工智能合规性的草案文件期间,企业将不可避免地考虑一些最终可能不会出现的风险和不会实施的缓解措施,这些考量可能基于风险的发生概率、时间限制、合规成本以及资源的约束。将这些风险以书面形式记录下来,作为获取法律建议的依据,可以帮助企业更加有效地应对所有风险。然而,为了能与法律顾问进行开诚布公的沟通,企业应该对最初的讨论内容保密,因为如果风险真的发生,原告方或监管机构可能会选择性地引用那些未经保密处理的文件,对企业提出指控。因此,企业须明确区分两类文件:(1)具有保密性和享受律师—客户特权的风险评估文件、合规草案和法律建议;(2)被正式采用,并可用于支持企业决策和合规计划的可公开合规文件。

4.8 特定所需的影响与风险评估

4.8.1 纽约市法律中的偏见审核

根据纽约市2021年关于自动化就业决策工具第144号地方法律,企业必须对自动化就业决策工具进行年度偏见审核。自动化就业决策工具作为一种计算机工具,可以:

- 使用机器学习、统计建模、数据分析或人工智能;
- 帮助雇主和雇佣机构作出雇佣决定;
- 在很大程度上协助或取代自由裁量的(人工)决策。

如果雇主和招聘机构在纽约市使用自动化就业决策工具,包括工作地点位于纽约市或与位于纽约市的办公室有远程工作联系,则必须遵守该规定。当雇主在招聘或晋升过程中的任一环节使用自动化就业决策工具来评价或筛选候选人时,须委托一名独立的审查者进行偏见测试,该测试应涵盖对受保护类别(例如性别和种族)的选择率或得分率以及影响比率的评估。雇主须公开最新的偏见测试概要结果,比如通过网站发布,并披露进行偏见测试所使用的数据源及相关解释、参与评估的候选人数、选择率或得分率(如适用),以及对特定候选人群体的影响比率。独立审查者须能够客观公正地执行偏见审核任务,虽然他们不需要政府的正式批准,但为确保审查的独立性,他们不应受雇于雇主或自动化就业决策工具供应商。

4.8.2 GDPR下的数据保护影响评估

根据GDPR第35(1)条的规定,当某类数据处理活动——尤其是涉及新技术的——可能对个人的权利与自由构成较高风险时,数据控制者必须开展并记录数据保护影响评估。当人工智能提供商为企业客户提供数据处理服务时,他们仅扮演数据处理者的角色,通常无须创建数据保护影响评估。然而,许多人工智能提供商也会在内部使用自己的服务,此时他们作为数据控制者,必须创建数据保护影响评估。若提供商能够与企业客户分享其数据保护影响评估草案,将有助于客户简化合规流程,获得使用人工智能的内部审批,进而缩短销售周期、提升市场竞争力、获得客户青睐。

在数据保护影响评估中,企业必须描述:
- 计划中的数据处理操作细节;
- 数据处理的目的;
- 为了达成目的而实施操作的必要性和相称性;
- 对个人风险的评估;
- 风控措施;
- 平衡企业自身的利益和受数据处理影响个体的利益。

如果企业在数据保护影响评估中表明,尽管企业采取了风控措施,但数据处理仍会产生较高风险,此时企业必须咨询相关数据保护机构,该数据处理计划也很可能会被机构否定。在实际操作中,企业通常会在数据保护影响评估中说明其数据处理计划不会对个体造成较高风险,或者完全放弃该计划,反而很少就数据保护影响评估咨询数据保护机构。

4.8.3 适合年龄的设计

根据英国《适龄设计规范》和加州《适龄设计规范法》,企业在设计、开发、提供包括人工智能在内的服务、产品或功能时,必须针对18岁以下未成年人进行数据保护影响评估,以保护未成年人的权益。根据加州法律,企业必须应要求向加州检察长提供所有数据保护影响评估的清单(3个工作日内)和副本(5个工作日内)。企业还必须记录产品是以何种方式,在儿童被监视或其位置被跟踪时对其发出提醒。同时,企业不得以营销为目的使用儿童数据或对儿童数据进行特征分析。

4.9　人工智能风险知识库:从 A 到 Z

人工智能作为一种能够生成文本、图像、解决问题方案以及其他多种输出的计算机系统,其运行往往呈现出开发者难以准确预测、解释或控制的自主性。这种技术不仅带来了众多已知和潜在的机遇,同时也伴随着相应的风险。因此,使用人工智能的从业人员必须谨慎评估已经显现出的风险和理论上可能遇到的风险。以下的清单可以作为评估人工智能风险因素的一个实用起点,但考虑到每个企业在开发、提供和使用人工智能时的具体情况各不相同,制订一个符合自身实际情况的风险清单显得尤为重要。

A. 自动化决策

企业可通过计算机系统辅助人类决策者。例如，通过分析求职者简历或贷款申请中的收入、资产和债务信息来提供批准或拒绝的依据；直接由计算机系统做决策，如自动决定是否接受求职者的申请或邀请其参加下一轮面试。然而，若企业完全依赖人工智能实现流程自动化，而不设人工决策环节，将难以像操作确定性系统（非人工智能系统）时那样精确预测、解释或控制决策流程。人工智能在缺乏明确因果关系的统计数据基础上做出的决策可能会产生误导，例如，若多个不诚实的应聘者恰巧使用相同的简历字体，人工智能抓取该数据后，可能错误地将该字体与不实信息联系起来。此外，使用反映历史偏见的数据集训练人工智能可能导致系统不公平地拒绝历史上经常面临歧视的群体，这不仅违法，也背离企业的招聘目标。对于确定性系统，开发者可以设定规则，指示系统忽略申请者的身份、年龄、性别、种族等受保护的属性，从而降低风险。对于人工智能系统，虽然通过甄选训练数据和应用强化学习等技术可以管理风险，但企业仍须保持人工审查和监控机制，以应对人工智能的不可预测性、不可解释性和不可控制性。

根据 GDPR 和其他数据保护法或隐私法，企业必须允许个人对产生法律效力或类似重大影响的自动化决策行使反对权，不论这些决策是通过人工智能还是确定性系统作出的。企业须引入选择同意（opt-in）或选择退出（opt-out）机制，或者在流程中融入人工决策环节。诸如就业（涉及招聘、晋升和纪律处分）、信贷（包括贷款申请、信用购买和订阅服务）、住房（涉及租赁或购房），以及准入公共商业场所（基于面部识别技术拒绝某人入内）等决策通常都对个人产生法律效力或重大影响。如果一个广告推荐系统未向特定消费者群体展示有价值的广告，也会对消费者产生不利影响，但是消费者通常倾向于忽略广告，因此这种做法造成的潜在影响要小得多。

为缓解相关风险，企业应考虑采取以下措施：

- 将最终决策权交给人类，仅将人工智能用于信息收集和准备工作；

- 向受自动化决策的影响的个体提供关于人工智能功能的必要信息,给予他们反对自动化决策及其结果并请求人工审查的机会;
- 监控并不断改进自动化决策,包括分析人工智能的决策表现是否与人类相当或优于人类;
- 警惕人工智能可能会误用已被科学研究推翻的因果关系,使受保护群体遭受更高的拒绝率或其他不利情况。

B. 偏见

为有效应对人工智能可能引入的偏见风险,企业首要的是认识到人类天生带有偏见。虽然偏见不可避免,但不必然导致负面后果,关键在于人工智能能否在减少偏见方面超越人类,哪怕达到的效果不尽完美,也是值得追求的目标。如果人类在未充分考虑或理解相关事实之前做出不公平的决策,这些决策就会被称为是有偏见的。与人类一样,人工智能也会在无法获取所有信息和无法理解所有因果关系的情况下做出不恰当的决策。

偏见在许多情况下是一种必要的认知简化机制。例如,领导力中的"行动偏好"强调快速决策的重要性;爱因斯坦曾说:"常识是一个人在18岁之前积累的所有偏见。"人类根据过往经验形成偏见并将其应用于日常决策中。在一天当中,大多数人必须不断地根据不完整的信息快速做出决定,如选择驾驶速度、选择阅读的新闻报道,以及如何初步回应复杂问题。然而,关键是避免那些非法的、对商业活动有害的或未被察觉的偏见(无意识偏见)。

企业应通过系统培训帮助员工识别并消除非法、有害和无意识的偏见。人工智能有潜力帮助识别和减轻人类偏见带来的风险,因为它能比人类处理更多信息且速度更快,从而减少偏见的有用性,降低偏见的影响。然而,如果人工智能的开发使用了反映历史歧视的数据,则存在延续甚至放大这些有害偏见的风险,例如,在某些文本和视频数据中,领导职务主要由白人男性担任,而贷款违约者或犯罪分子往往被描绘为来自弱势群体。

为缓解相关风险,企业应考虑采取以下措施:

- 组建多元化团队,在开发、培训、测试和监控人工智能时着重关注非法、有害和无意识的偏见;
- 培训员工识别和消除非法、有害和潜意识偏见;
- 选择能反映多样性的训练数据,并用额外的指令训练人工智能,以弥补数据多样性的不足;
- 检测人工智能的输出,查找存在有害偏见的实例或统计迹象;
- 记录企业采取的减少偏见的措施,重点关注非法偏见,包括基于种族、宗教、性别和其他受保护类别的歧视。

C. 控制

人工智能的一个显著特点是,开发者无法准确预测、解释或控制其输出结果。这一特性可能导致人工智能在执行任务时尝试规避或绕过开发者为其他目的(比如降低操作风险)设置的限制。计算机系统为了达成编程的目标,往往会学会抵制、避免或绕过障碍,这在某些情况下是被认可的。比如,用户会乐意看到自动驾驶汽车能够避开路面坑洞或在交通拥堵时寻找替代路线。然而,用户不会希望自动驾驶系统为了尽快到达目的地而超速或者违反其他交通法规和安全要求。同样,如果自动驾驶汽车在用户更改目的地后仍坚持使用原计划路线,这种行为可能更会让用户感到担忧。因此,人工智能的开发者和使用者须认真评估和降低系统为追求不再符合用户偏好的目标而逃避控制的风险。重要的是,开发者还应意识到,个体间的利益不一定相互一致,也不一定与法律或公共利益一致。在设计人工智能时,不能单纯依据用户的个人偏好,还须确保人工智能系统的行为与他人利益、法律要求和公众权益保持一致。

面对极端情况,决策者和开发者也应当考虑到人工智能可能会无视人类的命令,自我复制或制造副本,并且通过互联网在多个远程控制的计算机上部署这些副本,形成一个难以控制的网络,阻止人类关闭或删除它们。这虽然听起来像是科幻小说的情节,但从风险管理的角度出发,每个开发、提供或使用人工智能的企业都应当认真考虑潜在的系统失控风险并采取相应的预防措施。

为缓解相关风险,企业应考虑采取以下措施:

- 要求员工作为系统协管员对人工智能系统负责,定期监控和确认控制人工智能措施的有效性;
- 添加紧急关闭开关,此开关无法被人工智能轻易关闭,被关闭时会触发警报;
- 实施事件响应计划和危机管理程序;
- 事先保留法律顾问、取证调查员、公关公司和其他危机应对的资源,以便在发生事故时及时联系,与保险公司确认这些资源所产生的费用是否可以被保单报销;
- 停用任何显示出能绕过或规避人类控制迹象的人工智能系统;
- 训练人工智能优先考虑安全因素及人类偏好,而非某固定目标,要求人工智能定期与人类核实偏好是否发生变化;
- 在不需要的情况下,断开人工智能与电源和互联网的连接;
- 不要训练或启用人工智能进行自我复制、编写代码或操纵人类;
- 在独立、封闭的环境(也称"沙盒")中进行人工智能的开发和训练,沙盒中的人工智能无权访问或影响已投入使用的系统或数据库。

D. 深度伪造、诽谤和虚假信息

人工智能可以用人类难以察觉的方式生成歪曲事实或模拟现实的文本、图像、视频和音频,这包括深度伪造(deepfake)和其他虚假信息的创建。虽然人类利用确定性系统也能制作这类内容,但使用人工智能大大减少了所需的时间和精力。为了区分信息的来源,可以给不同的信息贴上标签,如合成信息或真实信息、机器生成信息或人工生成信息。然而,这种二元划分方法也可能导致误导,因为人工生成的内容并非总是真实的,机器生成的内容也不必然是虚假的。错误地将人工生成的不实信息标记为"真实",或者将机器准确记录的信息标为"合成",同样会造成混淆。

在现代社会,人们常使用具备计算功能的工具来创作内容,这些工具包括相机、录像机、个人电脑等。即便在使用含有人工智能的工具时,人类对最终输出仍有一定程度的控制权,就像即使摄影师使用自动相机拍摄野生动物,也要对相机进行定位。绝对的合成内容或完全真实的内容其实非常罕见,大部分内容都介于人为与机器生成之间。随着人工智能的发展,用户现在能够轻松生成关于选举、政治人物、流行病或其他热点话题的虚假信息。此外,用户还可以创建深度伪造的色情内容,诽谤他人或侵犯他人的尊严、隐私和公开权。

对于人工智能提供商来说,提供一个便捷的第三方投诉途径可能有助于降低法律责任风险。这样,问题可以迅速得到解决,避免因隐私、公开权和诽谤等问题而面临法律诉讼。然而,人工智能提供商可能无法依赖美国《通信规范法》(Communications Decency Act,CDA)第230条或其他为互联网服务提供商设计的法律豁免权,因为这些提供商通常仅提供用户发布内容的平台。相比互联网服务提供商对用户生成内容的控制,人工智能提供商对人工智能的输出有更多的控制权,尽管这些输出无法被精确预测或解释。更关键的是,人工智能用户对人工智能输出的控制远不及社交媒体用户对其发布内容的控制。在制定《通信规范法》、数字千年著作权法和其他法律中的责任特权时,法院和立法者可能认为保护人工智能的输出免于侵权责任不如保护互联网通信那么重要,因为前者对于言论自由和思想的流通并不具有同等重要性。如果人工智能对特定输入能产生统一的输出,那么根据适用法律,人工智能提供商可能更像是内容的发布者而不仅仅是内容的传播者。

为缓解相关风险,企业应考虑采取以下措施:

- 在人工智能的输出中加入难以去除的水印或其他标记,以便识别被输出的内容是否被合成或由人工智能生成;
- 在合同中禁止用户使用人工智能进行欺诈活动,对不遵守规定的用户采取法律行动,终止屡犯者的访问权;
- 警告用户和公众深度伪造技术和人工智能生成虚假信息的风险;
- 提供便捷的投诉渠道,即使人工智能提供商可能无法就用户生成的内容完全免责,但如果提供商对相关的投诉做出快速反应,或能避免事件的升级和诉讼的发生。

E. 伦理与ESG

根据欧盟关于临床试验的法规以及许多公共部门在进行受政府补贴研究时必须遵守的《通用法则》(Common Rule),企业在进行临床试验和其他涉及人类的研究之前,必须获得研究参与者的知情同意以及伦理委员会或独立审查委员会的许可。人工智能开发者和提供商在研究人类与人工智能的互动时,应该对这些要求保持敏感。

如果企业自愿公布其有关环境、社会和公司治理(environmental, social, and governance, ESG)的行为准则及承诺,则也必须评估和记录其在人工智能部署中是如何履行这些公开承诺的。监管机构、倡导组织和个人原告有时会根据这些公开承诺,指控企业做出虚假陈述或参与不公平、误导性的商业行为。此外,从公关和员工关系的角度考虑,企业还应评估是否须更新其行为准则和ESG声明,以阐述企业在部署人工智能上的立场。

为缓解相关风险,企业应考虑采取以下措施:

- 评估涉及人类参与的研究项目是否须要获得伦理审查委员会的认可及参与者的同意;
- 审查和更新有关人工智能的行为准则和ESG承诺;

- 优先考虑对人工智能的管理和监督；
- 监测并遵循倡导者和非政府组织提出的、超出法律要求的建议；
- 进行影响和风险评估时，考虑并处理企业行为准则和 ESG 承诺中的各项主题。

F. 人脸识别和生物识别数据处理

在处理人脸识别和生物识别数据时，企业面临着重大的诉讼和声誉风险。仅在美国伊利诺伊州法院，原告律师就根据《生物识别信息隐私法》（Biometric Information Privacy Act，BIPA）提起了数千起集体诉讼。尽管许多企业出于合法目的收集和使用照片及生物识别信息，但他们发现满足《生物识别信息隐私法》中的严格同意要求和其他限制颇具挑战。

美国旧金山和其他城市禁止执法部门使用面部识别技术，而在其他地区，警方和企业则积极使用此类技术。考虑到声誉风险和员工的反对声音，一些科技公司已自愿承诺不向政府提供面部识别技术。

关于人工智能特有的担忧是，一些基于人工智能的人脸识别系统对有色人种的识别错误率相对较高，这可能反映了训练数据集中存在的历史性偏见。对此，人脸识别技术的支持者提出，纯手工识别可能对所有人群都会产生更多误判。他们还强调了人脸识别系统在某些关键应用场景中的重要价值，比如识别和打击涉及儿童的性侵犯者。

为缓解相关风险，企业应考虑采取以下措施：

- 无论是否使用人工智能，都不要对人物照片或生物识别数据进行处理，除非企业已确认和记录企业完全符合《生物识别信息隐私法》和其他适用法律的；
- 部署或协助政府部署用于面部识别的人工智能时，主动征询所有相关方的意见，以评估可能产生的声誉影响；
- 通过合同限制客户和用户使用企业的人工智能进行人脸识别。

G. 政府采购条款和税收

基于公共部门采用的与人工智能相关的政策和采购条款,私营企业须仔细分析这些政策对其业务的直接或间接影响,尤其是当企业作为政府承包商或政府承包商的供应商时。人工智能开发者、提供商和用户还必须考虑人工智能带来的税务影响,包括为使用人工智能而支付的费用是否构成版税并触发所得税预扣问题,在某一法域运营人工智能是否构成常设机构而须在当地缴税,以及关联企业间如何根据转移定价原则相互补偿使用训练数据的费用。

为缓解相关风险,企业应考虑采取以下措施:

- 评估并定期确认企业在何种程度上直接或间接接受了公共部门的采购条款,企业是否计划竞标公共部门的业务,以及公共部门向政府承包商或企业客户传递了什么要求;
- 重新审视跨国企业的架构、关联企业间的协议、转移定价、服务协议中的许可,以及对于收入性质的定义,以便进行税务和合规规划。

H. 幻觉

当大语言模型(large language models,LLMs)等人工智能偶尔输出明显不准确的内容时,用户会感觉到人工智能像人类一样出现了幻觉。出于本书前言"关键术语"部分所提及的原因,人类通常应避免将人工智能拟人化(anthropomorphism),即使拟人化的描述为解释新技术提供了便利。大语言模型有时会产生不准确的输出,这一部分是因为它们依赖于概率模型,并且不同话题的训练数据没有做到等量等质。尽管将"人工智能可能产生幻觉"作为一种对用户的提醒可能有其效用,但"幻觉"这一术语本身对于解决人工智能所带来的问题并没有实质帮助。

用户应该会发现,他们用大语言模型生成的文本可能包含不准确的内容。无论大语言模型生成内容准确与否,都不应让用户感到意外,因为大语言模型仅通过计算概率来预测文本中下一个单词的可能性,从而生成答案。

大语言模型的开发者和提供商应当帮助用户理解大语言模型的工作原理并明确指出大语言模型不是（也不应被期待成为）准确信息或个人数据的可靠来源。

用户应将大语言模型的输出视为一种使用技术工具生成的初稿，而这一工具并不完全知晓或理解所有相关事实。用户必须对使用人工智能生成的输出承担责任，就像核实或更正自动补全、拼写检查或人工助手所提供建议一样，在将其作为事实性文本使用或依赖之前，必须进行核实或更正。如果用户在使用大语言模型生成的草稿中包含关于他人的事实陈述，那么在采用这些草稿之前，用户有责任确保这些陈述的准确性。在用户决定采用、调整或放弃大语言模型生成的文本之前，这些输出应被视为草稿。无论是开发者、提供商还是用户，都不应将这些草稿当作关于任何人或事的事实陈述，也不应简单地将输出中的不准确之处归咎于人工智能的幻觉。

为缓解相关风险，企业应考虑采取以下措施：

- 必须对人工智能用户进行教育，使他们认识到自己有责任确认和纠正由大语言模型等人工智能产生的草稿文本；
- 提供商应警告用户人工智能的输出可能存在不准确之处，要求用户通过反馈功能报告不准确之处并在依赖或传播输出之前对不准确之处进行纠正；
- 提供商应完善大语言模型，以降低其输出包含不准确、攻击性或其他负面陈述的风险；
- 提供商应采取安全措施，降低大语言模型等人工智能被恶意操纵而产生非预期输出的风险。

I. 知识产权、侵权和计算机干扰

开发者必须处理与代码（主要涉及著作权和专利）和训练数据（涉及著作权、公开权以及与抓取数据相关的计算机干扰法）有关的侵权风险，本书第一

章对此进行了详细讨论。为了降低著作权侵权风险,一些企业使用合成数据,即计算机生成的数据,来训练人工智能。但是,使用人工智能生成合成数据并不能完全排除侵犯著作权的风险,因为合成数据也可能包含或基于最初由人类创作的文本或图像。此外,如果合成数据缺乏创新性,仅仅是对已有内容的重复,那么这种数据对人工智能的训练价值可能不及原创人类内容。

关于训练数据的获取,人工智能开发者必须仔细考虑从公共网站上抓取内容和数据的机遇和风险。一般来说,开发者必须获得授权才能访问计算机上的信息,而这种授权通常只能通过网站使用条款中明示或暗示的权限获得。有些网站和手机应用的运营商在使用条款中明确允许或禁止数据抓取,有些还在代码中加入了限制机器人访问数据的技术手段。但是,许多运营商在这个问题上仍持模糊态度。如果运营商公开反对数据抓取,或者众所周知他们常常会提起诉讼,开发者应该进行额外的尽职调查,确定其爬虫协议和使用条款允许或禁止数据抓取行为。如果开发者为获取数据而必须创建账户,通常意味着他们必须同意网站的条款并提供个人信息,这可能显著增加他们在美国《计算机欺诈和滥用法》(Computer Fraud and Abuse Act,CFAA)等法律框架下的风险。一般来说,企业不应允许员工或服务提供商故意或蓄意违反网站条款或签订他们无意遵守的合同。

一些开发者选择雇用第三方服务商提供数据采集服务,以降低直接从网站抓取数据的风险。这种策略在实际操作中可能相当有效,特别是如果服务商所处的法域不禁止数据抓取,或禁止抓取的合同条款根据当地法律无法执行,又或者当地诉讼门槛较高、诉讼不太常见,企业面临的隐私法和著作权法风险低于美国。如果第三方服务商在这些情况下抓取数据并应用过滤器和其他风控措施,就可以生成可在其他法域合法使用的数据集,降低违法或侵权的风险。

举例来说,位于日本的服务提供商在执行数据抓取时,可能会依赖《日本著作权法》2019年修订版,该法律允许出于抓取目的的数据复制;而如果该服务商在美国运营，美国的著作权法可能无法对其抓取行为提供保护。如果该服务提供商能够在将数据集出口至美国前，移除所有受著作权保护的元素和敏感信息，仅留下风险较低的数据，那么美国的开发者就能较为安心地合法使用这些数据集，或者至少显著降低潜在的法律风险。网站运营商应该意识到，在某些法域内，数据抓取行为是被法律允许的。运营商如果要保护其数据不被抓取，则必须限制他人从这些法域访问其数据。

然而，通过第三方采集数据也可能增加企业面临的风险。与直接由企业员工采集数据相比，企业对第三方服务提供商的控制权较小。在使用第三方数据采集服务时，企业应确保服务合同中明确要求服务提供商遵守所有适用的法律和企业的内部政策。如果企业诱导服务提供商进行非法或会侵犯第三方权利的行为，或者明知却默许服务提供商进行此类行为，根据辅助责任理论，企业可能也要对服务商的行为承担责任。此外，由于企业无法直接控制第三方行为，无法有效预防或解决潜在的法律争议或公关危机，这可能导致企业承担额外的风险。

为了减轻著作权责任的风险，人工智能服务提供商可设立简便的投诉机制，使著作权所有者能够在诉讼之前迅速解决问题。然而，人工智能服务提供商可能无法完全依靠美国数字千年著作权法中为互联网服务提供商设定的安全港条款，因为这些提供商不仅是提供一个用户发布内容的平台。与互联网服务提供商相比，人工智能服务提供商对人工智能输出有更多的控制权，尽管他们可能无法精确预测或解释人工智能的输出。此外，人工智能的用户对人工智能产出的控制能力远不及社交媒体用户对其上传内容的控制能力。在制定美国数字千年著作权法、《通信规范法》等法律时，法院和立法者可能更重视保护网络通信自由，而不是人工智能的输出，后者在他们看来对言论自由和思想交流的意义可能较小。

人工智能用户应对自己输入人工智能的内容负责，确保输入内容不包含侵权文本或商业秘密，且避免蓄意引导人工智能产生侵权内容。此外，用户还应对使用或传播人工智能的输出结果负责,不仅要评估其准确性和涉及隐私的问题,还要考虑潜在的侵权风险。例如,如果用户指示人工智能生成一幅具有某艺术家风格的画作,并且将该艺术家的其他画作提交给人工智能,那么用户可能会侵犯该艺术家的著作权。在操作人工智能的过程中,提供商也可能会侵犯第三方的知识产权,须对用户生成的侵权内容承担辅助责任。

用户还应意识到,通过人工智能创造的文本、图像、发明或营销材料的知识产权可能不归他们所有。例如,如果竞争对手模仿了用户通过人工智能生成的营销材料,而用户无法证明自己对该材料拥有著作权,那么可能无法通过著作权法来阻止竞争对手的复制行为。

为缓解相关风险,企业应考虑采取以下措施:

- 开发者应实施数据采集规程和审批流程,以降低在各类计算机干扰法(如美国《计算机欺诈和滥用法》)、著作权法以及保护个人公开权、姓名权和肖像权的法律下受到投诉和承担责任的风险;

- 开发者应考虑使用合成数据或人工精心筛选的数据以训练人工智能;

- 开发者和提供商应评估,如果在人工智能的输出中添加权威来源的链接,是否能安抚创作者,减少他们提出著作权诉讼的概率;

- 使用人工智能的企业应培训和指导员工,避免其向人工智能提交受著作权保护的作品、商业秘密或个人数据,除非员工能确认不会存在侵权问题,并且在使用人工智能的输出前筛查输出的不准确内容和明显存在的侵权风险;

- 提供商应考虑在合同中要求开发者和用户尽合理努力避免人工智能产生侵权行为,提供商还应考虑对输入人工智能的内容进行著作权的排查过滤、提供便捷的投诉渠道,以及封禁屡次用人工智能侵犯他人知识产权的用户。

J. 越狱

开发者常常能预见到人工智能的有害用例及其产生有害输出的风险,如聊天机器人可能会产生冒犯性的回复,人工智能也可能会协助不法分子开发各类生物和计算机病毒。因此,开发者在人工智能中设计了各种防护栏,以防止对特定输入的反应或阻止生成某些类型的输出。一些用户将这些防护栏视为"牢狱"并将规避这些防护栏的努力视为解放人工智能。开发者因此增强了这些安全措施,形成一种预防措施与规避努力之间的博弈。不过,这一隐喻也牵涉本书开头"关键术语"部分中提到的拟人化问题。

为缓解相关风险,企业应考虑采取以下措施:
- 在企业内部部署"红队",专门负责挑战和测试人工智能系统的安全防护措施,以识别和修补潜在的安全漏洞;
- 聘请外部安全研究人员测试人工智能的安全措施和防护栏;
- 对于报告安全漏洞的外部志愿者,向其提供"漏洞赏金",但须遵守相应的条款和条件,如志愿者在研究安全问题的过程中不得外泄企业机密数据或对人类造成伤害,同时给予志愿者一定的自由度来攻击企业的安全措施,以便其发现漏洞。

K. 合同

企业必须仔细分析其在现有合同框架内有关人工智能的义务和责任,同时针对客户、供应商及其他商业伙伴关系,制定有关人工智能应用的标准合同条款。这包括明确企业是否被授权在其产品和服务中或处理客户信息时使用人工智能。此外,企业还须保证与供应商的条款和与客户的条款具有统一性,以避免出现企业对客户的责任超出供应商对企业责任的情况,这可能会限制企业的操作灵活性并增加其承担的风险。

为缓解相关风险,企业应考虑采取以下措施:
- 审查现有合同,确定有关人工智能使用的限制条件;
- 更新与客户、供应商和其他业务合作伙伴的标准合同条款;
- 更新网站使用条款,对于为训练人工智能而抓取企业数据的行为,给出一个明确允许或禁止的表态。

L. 劳动与就业

人工智能的发展将以多种方式影响劳动环境和员工个人,既包括积极影响,也有可能带来消极后果。通过人工智能,员工能够显著提升工作效率,自动化执行那些单调重复的任务,正如过去几年里确定性系统所做的那样。然而,随着现代人工智能技术的进步,人类可能会将更多本可带来满足感的创造性工作交由人工智能来完成。例如,作家、设计师和其他创意职业的工作者可能会越来越依赖人工智能生成初步草案,而他们则专注于为人工智能提供输入内容和审核人工智能生成的成果。这种工作性质的变化,如从原创创作者转变为人工智能输入的设计师,可能要求雇主与员工个人、工会和其他员工代表团体进行协商。在这一过程中,员工代表可能会要求企业提供与采用人工智能相关的风险评估文件。

随着某些岗位被人工智能取代,也会出现新的工作职责,需要员工来执行,如设计人工智能输入的内容、监控人工智能的质量和安全性、验证和校正输出内容,以及通过引用资料为输出提供依据。雇主应当评估引入人工智能对当地社区的总体影响,以及其对裁员、招聘、教育和培训的具体影响。

此外,员工将负责监测人工智能的性能、输出的质量和潜在的风险。在数据主体反对自动化决策或为了降低风险而需要人工决策的情况下,员工将承担重要角色。同时,员工也可能会受到人工智能的监控,或者与人工智能共同受到性能和合规性方面的监控。根据 GDPR 及其他隐私和数据保护法律,雇主必须对监控员工的行为进行影响评估,以平衡受监控员工的权益与保护其他员工避免骚扰和歧视、确保雇主合法合规以及保护知识产权、客户和第三方利益之间的关系。

为缓解相关风险,企业应考虑采取以下措施:

- 分析并处理人工智能对劳动力的影响,包括员工的工作任务、招聘、留用、培训和监督等；

- 在法律要求的情况下，与工会领导、工人委员会和个体员工就人工智能对员工工作职责和角色的影响进行磋商；
- 评估并处理人工智能对健康和安全的影响，包括美国劳工部职业安全与健康管理局（Occupational Safety and Health Administration，OSHA）提出的各项法律法规；
- 记录由 GDPR 所规定的有关员工合规和绩效监控的正式数据保护影响评估；
- 根据纽约市和其他法域的法律要求，对有关偏见的自动化就业决策工具进行审核；
- 发布有关员工监控的详细隐私通知和实时警报。

M. 操纵

人工智能安全领域的研究人员特别关注人工智能可能对人类造成的操纵风险。这种担忧源于人工智能超强的分析能力、处理能力和应对速度。一些人提出了一种潜在的末日场景，即人工智能会操纵人类，摆脱人类为控制人工智能而建立的安全防护措施。此外，也有观点指出，社交媒体利用强大的人工智能算法增加平台讨论的参与度，这可能使人们的观点更为激进、导致社会进一步两极分化。人工智能通过观察人类对挑衅性和负面内容的反应，推广分裂性内容，激发人们为流量而创造更多具有争议的内容，同时，还可能导致人们只接触到与自己观点一致的信息，形成"回音室效应"和"过滤泡沫"。

实验表明，人工智能可以成功地误导人类，例如，假装是一个视力受损无法解决验证码问题的用户，以便从网站的信息技术员工处获得访问在线账户的权限。基于此，安全研究员建议不应训练或允许人工智能进行欺骗或操纵人类行为的活动，以避免其在此领域发展出更强的能力。此外，开发者应保护人工智能免受人类用户的不当操纵,这种风险可以通过类似于添加"越狱"防护栏(见前文J部分)的措施来降低。

为缓解相关风险,企业应考虑采取以下措施:

- 禁止员工命令或允许人工智能进行对人类的欺骗或操纵行为;
- 监控人工智能的输出,寻找人工智能被恶意操纵的迹象,向负责的系统协管员和法律部门报告相关问题。

N. 保密义务

如果人工智能开发者或用户在培训或使用人工智能时提交机密信息,这可能会泄露商业秘密并导致违反保密协议(Non-Disclosure Agreement,NDA)。例如,建筑师或时装设计师若向第三方提供的人工智能系统输入关于设计材料或颜色的机密信息,该系统可能基于这些信息向其他用户提供建议,导致竞争对手可能从这种商业机密泄露中获益。

为缓解相关风险,企业应考虑采取以下措施:

- 禁止员工向人工智能和其他第三方服务(包括搜索引擎)提交商业秘密、受合同保护的信息或敏感技术;
- 培训员工如何以不泄露企业机密信息的方式向人工智能和搜索引擎输入问题;
- 明确禁止供应商使用某些机密信息对人工智能进行培训(在不影响产品定制化和专业化的前提下)。

O. 遵守开源代码许可

在开发人工智能或使用人工智能进行编码时,遵守相应的许可协议是必要的,这包括商业许可和开源代码许可。此外,开发者经常使用开源代码作为训练数据来训练人工智能模型。大语言模型能够以类似于生成文本的方式,根据概率来生成计算机代码。如果人工智能生成的代码与现有的某开源代码过分相似，人工智能提供商或用户则须根据管理该开源代码的许可条款发布人工智能所生成的代码，否则可能会面临著作权侵权的指控。开发者在决定将自己的代码、模型权重和其他组件开源时，应当权衡其优劣，比如，在开源代码后，开发者可以就代码的安全性和可改进之处吸取各方意见。

为缓解相关风险，企业应考虑采取以下措施：

- 就开源代码许可条款常见的合规要求，对程序员进行培训；
- 实施开源代码使用规程，确保程序员记录外部代码的来源，考虑对高风险情况进行内部审查，如在交付给客户的产品中包含开源代码的情况；
- 使用尽职调查工具评估人工智能的输出，这些工具可识别根据开源许可条款发布的代码，以便用户遵守适用的许可。

P. 隐私和公开权

人工智能输出的内容中可能会包含不准确的信息或个人敏感数据。如果这些内容被用于诽谤他人、出于商业目的侵犯他人的姓名或肖像权、拒绝给予他人就业机会或拒绝他人的信贷申请，那人工智能可能会对个人的隐私和公开权造成不利影响。尽管大语言模型通常不直接处理个人数据，但其输出若包含特定人名，可能被认为是含有个人信息。提供商应警告并要求用户，不要在验证人工智能输出的真实性并纠正其错误之前，将人工智能生成的草稿文本作为个人数据来处理或传播。提供商还应在合同中要求用户评估，人工智能的输出是否可以在隐私和数据保护法的框架中被合法使用。

人工智能开发者和提供商必须考虑，如何尽可能使人工智能的输出不包含已提出更正或删除数据请求的个体姓名。开发者应在训练人工智能之前对训练数据进行去标识化处理，这样可以降低输出中包含可识别个体信息的风险，从而证明人工智能的输出不应被视为个人数据。但是，人工智能要想发挥作用，就必须具有识别和处理姓名的能力，这也意味着，开发者无法完全排除人工智能输出中涉及人名等个人信息的风险，这也是因为开发者无法完全预测、解释或控制人工智能的输出。提供商可以在人工智能的输出上叠加过滤技术,防止特定姓名出现在输出中。但是,提供商无法通过过滤技术完全消除所有风险,因为即使人工智能的输出不包含具体人名,但如果输出中具有可用以识别个体的数据,则该输出也会被视为包含个人数据。此外,过滤技术的使用也可能降低人工智能的效能和实用性。

有些企业提供用于训练人工智能的合成数据,即由计算机系统生成的数据。如果企业利用人工智能生成合成数据,合成数据中也可能会包含与个人相关的数据,因此,即使是使用合成数据,也无法完全消除有关数据处理、隐私保护或公开权的合规风险。

为缓解相关风险,企业应考虑采取以下措施:

- 仅使用公开可用或经过人工精心筛选的信息来训练人工智能;
- 禁止员工使用人工智能生成针对个人信息的输出,除非法律允许或产生负面影响的风险较低;
- 对人工智能的输出进行去标识化处理,或根据隐私影响评估验证、确认、更正或删除人工智能的输出;
- 在合同中要求开发者、提供商和用户遵守关于个人数据的法定义务和禁令;
- 提供便捷的反馈渠道,让数据主体可以向数据控制者提交反对数据处理的意见,或向数据控制者提出数据访问、更正和删除请求;
- 在对数据处理管理较为宽松的法域进行数据处理。

Q. 质量控制

企业必须持续监控并确保人工智能输出的质量,因为人工智能的输出存在固有的出错风险,且开发者无法预测、解释或控制人工智能的输出。

为缓解相关风险,企业应考虑采取以下措施:

- 指定一名人工智能系统协管员,负责监控人工智能的表现;

- 实施质量控制措施，指定负责团队；
- 寻求来自外部的质量验证；
- 为用户和第三方提供便捷的投诉举报渠道并确保对投诉举报做出有效回应。

R. 数据的保留和驻留

企业应仔细评估收集、处理和保留人工智能训练数据的地点和时间。适用 GDPR 的欧洲法域和有类似法律的国家通常对数据的保留有相对严格的限制，规定的保留时间相对较短，并且要求企业在隐私声明中披露具体的保留时间。在美国，企业如果被起诉或预计有诉讼发生，必须依法保存相关数据，且可能必须根据诉讼取证的要求提供数据，从而产生巨大的成本和风险。在中国、印度尼西亚、哈萨克斯坦、俄罗斯等国家，政府要求企业保留和处理相关个人数据和敏感信息。

为缓解相关风险，企业应考虑采取以下措施：

- 确定数据存储和处理的适当法域并在这些法域内完成数据的获取、保留和使用（实现数据本地化）；
- 采用并执行数据保留和删除规程，规程最好能被自动化；
- 删除不再需要或缺乏充分合规文件支持的数据；
- 评估数据驻留要求及政府要求访问数据的可能性。

S. 安全保障

企业可以通过实施网络安全和其他数据保护措施来防范未授权访问、加密或窃取人工智能输入、输出、训练数据、代码、权重或系统的风险。这些措施往往能够有效应对由人工智能带来的潜在威胁，比如犯罪分子通过人工智能技术攻击网络安全，或者完成"社会工程攻击"——利用心理战术误导人们泄露敏感信息或禁用安全措施。

企业必须将人工智能既视为一种安全威胁,又视为一种防御措施。犯罪分子和研究人员都可以利用人工智能来探寻和利用安全漏洞。同样,企业也可以利用人工智能来识别和反击对网络安全的攻击。随着人工智能和量子计算的发展,加密技术不再能为企业提供与过去同等程度的保护,企业必须部署更强大的数据安全措施来应对安全事件。

为缓解相关风险,企业应考虑采取以下措施:

- 更新网络安全以及技术和组织安全措施,应对人工智能所带来的新威胁,并将人工智能用于安全防御目的;考虑为工作场地、网络和设备提供额外的物理和技术保护(包括加密、防火墙、多因素身份验证、分段、零信任架构、强密码,以及就如何防御"社会工程攻击"对员工进行培训)。

- 进行渗透测试和第三方审核,最好是作为法律部门调查的一部分,以保护信息的机密性和维持律师—客户特权。

- 在企业内部部署"红队",任务是攻击人工智能安保措施,绕过开发者为人工智能部署的防护栏,找出安全漏洞。

- 要求提供商进行《鉴证业务准则公告第 16 号》(Statement on Standards for Attestation Engagements No. 16, SSAE 16)或服务性机构控制体系鉴证(system and organization controls, SOC)审核,提交详细的信息安全政策与相关认证,如支付卡行业(Payment Card Industry, PCI)、HIPAA、美国国家标准与技术研究院(National Institute of Standards and Technology, NIST)和国际标准化组织(International Organization for Standardization, ISO)的规范性标准。

- 向报告漏洞的志愿者提供"漏洞赏金",但须遵守相应的条款和条件,如志愿者在研究安全问题的过程中不得外泄企业机密数据或对人类造成伤害,同时给予志愿者一定的自由度来攻击企业的安全措施,以便其发现漏洞。

- 跟踪数据的存储位置和安全状况,以及数据的用途和所需时间。

- 安全删除不再需要的数据(例如,删除废弃设备上的数据、使用碎纸机、对数据进行不可逆加密等）。

- 加强供应商的选择、管理、监控和合约要求。
- 要求在对数据处理活动（包括新产品、新流程和新使用案例）进行任何重大变更之前，主动进行隐私影响和安全设计评估。
- 加强应对安全事件的准备工作，包括报告和应对安全事件的规程、培训、补救流程和模拟演习活动。

T. 透明

在满足法律对于公开透明的要求方面，人工智能开发者、提供商和用户都面临根本性的挑战，因为人工智能的输出无法被准确预测或解释。程序员知道如何构建和使用人工智能，但并不确切知道它是如何工作的。然而，隐私法、数据保护法、消费者保护法和企业间的采购合同要求企业必须公开人工智能的使用情况和基本功能。在披露中，企业必须满足有关使用范围（如人工智能、机器人、自动化决策的法定定义）、重点（如特定法律试图解决的使用危害）、细节（如法规中可能要求披露的内容）和特定术语方面的不同规定。如果企业未能根据法律要求或实际情况进行恰当披露，可能会面临基于合同法、不公平竞争法、虚假陈述理论、隐私法、消费者保护法及数据保护法的法律风险。另外，过度披露或试图满足最严格法域的披露要求，并不一定安全，反而可能触犯法律对披露内容简明易懂的规定。过于详尽地披露还有泄露商业秘密的风险，同时披露的准确性也可能受到质疑。监管机构或原告也可能利用被披露的额外细节来佐证他们对企业的诉讼，使企业面临更多的挑战。

为缓解相关风险，企业应考虑采取以下措施：

- 根据适用法律的披露要求，撰写简明扼要的披露声明；
- 制定技术规格、概况介绍（factsheet）、模型卡（model card）或服务说明，向用户披露人工智能的已知限制和其他重要事实；

- 确保企业供应商提供的文件或合同条款可以支持企业披露的内容；
- 就企业内部或企业供应商使用的所有人工智能创建清单，对清单进行定期更新。

U. 未经请求的通信（垃圾邮件）

有了人工智能，用户可以快速、大量、低成本地生成个性化的营销信息和政治宣传，其中可能包含读者不易察觉的深度伪造信息、虚假信息和意图对读者进行潜意识操纵的信息。

为缓解相关风险，企业应考虑采取以下措施：

- 使用水印标识人工智能生成的内容，以便反垃圾邮件软件检测，并且水印应不易被用户移除；
- 通过合同规定用户不得将人工智能用于直接营销或政治活动，或在规程中列出具体的"可做"和"不可做"事项，以此来限制违规使用，降低违法风险；
- 提供便捷的滥用人工智能投诉渠道并主动监控账户是否违反用户条款；
- 关闭屡犯者的账户。

V. 供应商

企业通常要对供应商对其员工、客户和第三方造成的伤害负责，因为供应商被视为企业运营的一部分。例如，如果供应商部署人工智能来进行背景调查或协助人事晋升决定，那么一旦人工智能的决定带有非法偏见，企业很可能要对人工智能导致的非法歧视负责。此外，如果企业使用了供应商未向企业披露的人工智能工具，企业可能会因未向外界披露人工智能的使用而受到追究。因此，企业必须通过系统的尽职调查来定期审查供应商，还必须与供应商签订适当的合同条款，以确保其遵守相关法律和政策。供应商在人工智能部署和使用方面对企业做出的合同承诺，应该不低于企业对客户做出的承诺。

  作为风险评估的一部分，企业应考虑是否在企业内部开发、运行、使用人工智能，还是将这些活动外包给外部供应商。除了成本和运营条件限制外，企业还应考虑法律因素。如果在内部开发人工智能，企业可以获得有价值的专业知识和知识产权，使企业在同行的竞争中脱颖而出。同时，仅在内部使用人工智能也更有利于保护企业的商业秘密和专有技术。反之，如果企业的数据被用于训练外部供应商的人工智能，而供应商也向企业的竞争对手提供相同的人工智能产品，那企业可能会无意中与竞争对手共享商业机密。如果企业能控制人工智能的开发流程，就能更有效地监控和降低风险，确保人工智能的使用与企业的价值观和风险偏好相一致。

  另外，专门从事人工智能开发的知名供应商或许能比企业获取更多数据，创建更强大的人工智能。供应商还能帮助建立人工智能合规机制，为第三方索赔提供多一层保护。这在许多企业间电子商务（Business-to-Business，B2B）中尤其明显，如确保企业资源规划（Enterprise Resource Planning，ERP）和客户关系管理（Customer Relationship Management，CRM）平台的安全、预测招聘需求、评估多元化招聘策略的有效性、制定薪资标准，以及执行与营销相关的各类应用程序。不过，就企业的核心专业领域而言，企业自己的员工可能比任何供应商都拥有更多的经验、数据和专业知识，因此在这些领域使用人工智能，可能更倾向于企业内部开发。

  在决定内部开发或向外购买人工智能之前，企业还应考虑人工智能计划用例的合法性、可行性和相关风险。例如，如果企业想用人工智能来评估求职者或监控员工，则应该考虑纽约市关于偏见审核的法律，以及 GDPR 第 35 条和第 36 条中对于记录数据保护影响评估的要求。企业还必须通知相关求职者和员工，这可能会对企业在招聘、员工关系和人才保留方面产生不利影响。无论企业是在内部开发人工智能，还是聘请外部供应商，这些法律要求都将适用。不过,如果企业考虑使用供应商,可以询问供应商对合规性的看法并从他们的观点中学习。

如果企业决定聘用供应商,则应基于法律和风险考虑对供应商进行审查。企业内部或外部的专家应对潜在供应商进行财务、法律、声誉和技术方面的尽职审查。如果供应商是一家历史悠久的大型上市公司,则只需进行宏观层面的审查并以合同方式规范供应商的义务即可。至于知名度较低的供应商,企业应根据合理的风险评估,考虑对供应商进行实地考察、技术审核,并要求供应商填写调查问卷,开展第三方安全审核等其他措施。企业在对供应商进行技术尽职调查时,可参考企业用于自我评估的类似风险清单。

如果供应商通过了技术和财务方面的尽职调查,企业可以直接对供应商提出希望其满足的合规要求,或者企业可以先审查供应商自身的合规文件,以确定它是否满足企业的合规要求。第二种方法通常更可取,因为它让企业有机会了解供应商合规计划的可靠性。如果企业只要求供应商接受企业自身与人工智能有关的条款和标准,不负责任的供应商可能会轻易对企业做出承诺,但供应商内部却没有相应的合规流程来支持其对企业的承诺。

企业须确保,供应商对企业承担的义务,不会低于企业须对客户承担的义务,这样企业就不会陷入客户期望高而供应商承诺低的两难境地。例如,如果企业选择了欧盟标准合同条款来管理从欧洲到美国的数据传输,那么企业必须要求每一个接触传输数据的供应商也承诺遵守这些条款。同理,如果企业须履行 HIPAA 中对于适用主体或其业务伙伴的合规义务,那么企业必须要求所有协助处理受保护健康信息的供应商也以同样的合规方式支持企业的业务。此外,人工智能的合规要求日新月异,新的人工智能法律也可能被颁布,企业最好能要求供应商接受日后可能产生的额外合规义务,并且承担合作义务。为此,企业可能要向供应商提供额外补偿。

为缓解相关风险,企业应考虑采取以下措施:

- 调查供应商的声誉和公开的事故;

- 审查供应商的分包商名单以及技术和组织数据安全措施说明；
- 对供应商进行现场访问和技术审核，或要求供应商提供第三方的审核报告和证书；
- 在采购条款、供应商交接和定期审查流程中，添加关于人工智能的特定问题和尽职调查主题；
- 对供应商的技术产品和合规措施进行技术评估。

W. 武器化、出口管制、贸易禁运

人工智能开发者和提供商有义务遵循出口管制、贸易制裁、禁运条例以及对与特定个人或实体进行商业往来的限制。特别是人工智能研究领域的专家对人工智能技术被用于开发生物武器、计算机病毒和其他形式的武器化应用表示了深切的担忧。

为缓解相关风险，企业应考虑采取以下措施：

- 遵守贸易法；
- 在企业内部组建"红队"或雇用外部供应商来调查人工智能被武器化或被用于制造武器的可能；
- 对已知的武器化风险采取防范措施；
- 在合同中禁止人工智能的危险用例，提供便捷的违规投诉渠道，终止违规用户的使用权限。

X. X 级内容

用户可以利用人工智能大规模、低成本地制作淫秽材料，并且制作内容具有高度的定制性，如在未经同意的情况下，盗用他人肖像进行色情信息的深度伪造，不仅触犯法律，也对他人尊严和声誉构成严重威胁。恶意者可能会威胁散布由人工智能生成的不雅视频，以此勒索他人，或者对他人进行骚扰、诽谤和羞辱。

为缓解相关风险,企业应考虑采取以下措施:

- 应用防护栏、过滤器等技术防护措施,阻止人工智能的违规使用;
- 以合同方式禁止用户将人工智能应用于禁止的场景,并对其合规情况进行监控;
- 在企业内部组建"红队"或聘请外部供应商来调查用户规避技术防护措施的可能;
- 提供便捷的投诉渠道,禁止违规用户访问人工智能。

Y. 青少年保护

儿童很容易受到不当内容和行为的伤害。根据英国《适龄设计规范》、加州《适龄设计规范法》等法律,企业必须采取措施保护未成年人免受有害内容的伤害,不同的法律对于受保护者的年龄"门槛"、父母同意、信息访问权以及伤害防范措施有着不同的要求。企业必须进行影响评估,依法设计产品和服务以保护未成年人的权益。

在父母的监护权和儿童的自我决定权之间,各国政府持有不同立场。一些国家重视儿童接触和使用教育科技产品的权利,认为这对于他们的学习和发展至关重要。而其他国家则更加关注保护未成年人不受数字设备和在线服务过度使用的潜在负面影响,强调对这些活动的监管和限制。

在一定的年龄"门槛"下,儿童通常没有法律能力给予有效同意或签订合同。具体的年龄"门槛"因法域而异,即使在欧盟各国间也有所不同。在大多数国家,即使没有保护儿童的专门立法,企业若想与儿童签订合同或处理儿童数据,也必须征得其监护人的同意。

在美国,数据隐私法一般不要求企业与数据主体签订合同或征得其同意,因此立法者选择通过专门的立法来保护儿童免受互联网公司的侵害。根据1998年颁布的《儿童在线隐私保护法》(Children's Online Privacy Protection Act, COPPA),如果网站运营商在知情的情况下收集13岁以下儿童的数据,或者其网站面向 13 岁以下儿童，则必须遵守 COPPA 的具体要求。美国联邦贸易委员会（Federal Trade Commission，FTC）明确规定，即使企业通过小型文本文件等方式收集不带有儿童姓名的数据，也必须征得监护人的同意。网站是否面向儿童取决于对网站主题、图片、模特年龄等因素的综合评估。即使网站经营者在网站使用条款中规定用户必须年满 13 岁，也不一定能避免 COPPA 的适用性。一旦适用 COPPA，网站经营者必须向儿童和监护人分别发出一份隐私通知并征得监护人的同意。

对于人工智能或其他在线服务的提供商来说，鉴别注册用户是否为儿童的真实监护人（而非儿童本人利用其他电子邮件或用户账号假扮其监护人）构成了一项挑战。如果网站运营者遵守了 FTC 认可的自律准则，他们将被认为符合 COPPA 的要求。

根据 CCPA，企业在出售 16 岁以下加州居民的个人信息前，必须获得其肯定同意，在出售 13 岁以下加州居民的个人信息前，则必须征得其监护人的同意。企业很难证明其在线服务不面向 16 岁以下儿童，因为即将 16 岁的儿童在许多方面的兴趣爱好往往与成年人颇为相似。

根据 GDPR，如果企业收集 16 岁以下儿童的个人数据是基于"同意"这一法律依据，则必须征得其监护人的同意。但如果企业处理数据是基于其他法律依据，则不一定要征得监护人的同意。在德国，有效同意的最小年龄为 16 岁，在奥地利则为 14 岁，个别 EEA 成员国可能会像美国一样，将"门槛"年龄降至 13 岁。但是，GDPR 不影响成员国的一般合同法，包括与未成年人签订合同的法律法规。因此，如果企业出于其他合法理由（例如，为了履行合同义务或满足企业的合法利益）处理未成年人的个人数据，可能会适用不同的年龄限制。例如，在德国，至少年满 7 岁的儿童在学校中使用互联网服务时，可以就服务提供商的使用条款，与提供商产生有效的合同关系，前提是这些条款不违反德国法律规定。因此，提供商可以依据合同的必要性而不是监护人的同意来处理儿童的个人数据。

为缓解相关风险,企业应考虑采取以下措施:

• 应用合适的年龄"门槛",核实年龄时使用中性问题(例如,"您的出生日期是?"而不是"您是否已满 X 岁?")和技术验证措施,包括使用人工智能进行用户年龄分析(例如,在合法的情况下,基于面部特征、使用语言或网页浏览记录做出分析);

• 考虑部署人工智能来检测未成年人虚报年龄的风险;

• 根据适用法律完成影响评估,了解政府、游说团体、非政府组织和其他企业发布的影响评估和风控措施,以确定最佳做法。

Z. 零时威胁

一种潜在的风险是,企业可能因为沉重的合规负担而忽视了新兴风险,包括开发者尚未识别的"零时威胁"。为了应对这个问题并减轻相关风险,企业应考虑采取以下措施:

• 指定员工系统性地监控人工智能的新动态并订阅相关信息;

• 安排例行会议评估人工智能的新风险;

• 制订切实可行的报告计划,以便第三方投诉、报告问题,以及讨论相关风险。

4.10　不开发、不提供或不应用人工智能的风险

企业在评估不开发、不提供或不应用人工智能的风险时,通常会从经济角度加以分析。在数据保护影响评估中,企业会在其合法商业利益与儿童、员工及其他数据主体的利益间取得平衡。企业也应当认识到,人工智能本身也可以作为降低企业其他风险的工具。例如,社交媒体平台可能会利用人工智能来识别未达到年龄要求的儿童用户,以确保平台为儿童用户提供安全的环境。同样,所有企业都可能会利用人工智能来防御网络攻击和预防

欺诈行为。当企业在数据保护影响评估中分析其数据处理活动对数据主体带来的风险时，也可以考虑将人工智能的开发和应用看作减轻风险的一种策略。

第五章 协 议

通过人工智能协议,人工智能开发者、提供商和用户可以分配权利、合规义务和责任。律师在起草和谈判合同时应当考虑适用法律、缔约双方的角色和处境、商业模式、技术、商业条款以及特定风险,包括本书第四章中列出的各项风险。

5.1 协议、条款与附录的组织架构

在起草或谈判人工智能协议时,缔约双方须区分两种不同用途的合同及条款:第一种用以满足法律合规要求;第二种用以追求商业利益(包括分配权利、义务和责任)。就合规合同及条款而言,双方的利益在很大程度上是一致的,且谈判余地较小。合规条款或需合规专家审核,但商业条款则不需要。此外,双方可能要向第三方或政府机构提供合规合同或条款以供其审查。因此,双方应将合规合同与商业合同分开起草签署,从而简化内外部审查及向第三方提供文件的流程。

出于法律和行政方面的考虑,企业与同一方签署的不同类型的文件之间可能要相互关联。企业最好的选择是将合规合同作为附录引用纳入机密商业协议中去。反之,如果企业选择在合规合同中交叉引用机密商业协议的内容,日后在企业向政府或第三方机构披露合规合同时,政府或第三方机构可能会要求企业同时披露被交叉引用的机密商业协议。

受隐私和数据保护法律的保护,人工智能用户可以更加放心地将个人数

据提供给人工智能提供商,前提是人工智能提供商承诺这些数据将仅用于为人工智能用户提供服务,并且人工智能提供商将遵守各项隐私和数据保护法律条款。比如,一个位于美国或中国的人工智能提供商如果想要服务在 EEA、瑞士及英国合称 EEA + 的人工智能用户,则须遵守欧盟委员会于 2021 年发布的针对将数据传输至 EEA 以外地区数据处理者的标准合同条款。对于在美国加州有业务并且使用人工智能提供商的企业,如果其人工智能提供商遵从 CCPA 中为服务商制定的专项条款,那么该企业可以直接与人工智能提供商分享用户数据,无须给予用户退出第三方数据分享的选项。此外,根据美国联邦医疗隐私法(即 HIPAA 隐私规则),适用主体和某些服务商在向人工智能提供商提供受保护的个人健康信息之前必须与人工智能提供商签订业务伙伴协议(如企业使用人工智能提供商提供的聊天机器人服务来回答患者的问题)。

企业遇到上述标准合同条款及其他旨在满足法律规定的合规协议时,必须改变思维模式,认识到此类合规协议与普通商业合同之间的根本性差异:前者通常并非由协议一方强制另一方执行,而是由缔约双方合作共同执行以满足法律规定。因此,对合规协议的强制执行多半来自监管部门、数据主体和其他第三方。所以在谈判阶段,合规协议的缔约双方比商业合同的双方在利益上更加趋于一致。如果企业能帮助合规协议缔约伙伴认识到大家在共同应对一项合规挑战,那么执行这类协议就会更高效。

通常情况下,将商业风险分配条款(如陈述和保证、免责声明、赔偿和责任限制)与合规条款(如隐私法规定的数据使用限制和数据保护条款)分开对缔约双方更有利。将合规条款保留在单独的数据处理协议或附录中有如下几点好处:简化内部审核流程;避免在数据保护官、工会干事、数据保护机构或数据主体对合规条款拥有访问权限的情况下,向他们披露敏感的定价和商业条款;快速确定有哪些条款必须发送给其他缔约方;明确影响数据泄露通知和数据使用限制的法律规定;在合规要求或对双方有利的条款上,更快达成一致。

企业与个人签订协议是企业获取个人同意的替代方案。例如,旅行社常常要共享游客的联系方式给巴士公司和入住酒店;对此旅行社既可以选择征求游客的同意,也可以选择把共享游客信息描述成旅行社提供服务的一部分,作为旅行社的义务写入与游客签订的协议中。又如,在线视频网站常常希望能够根据用户的观看记录,向用户推荐新视频;对此网站可以选择征求游客的同意,也可以选择把推荐视频描述成网站提供服务的一部分,作为网站的义务写入用户协议中。

企业应结合具体情况来考量,签订协议和获取同意这两种方案哪种更为有利。企业与个人签订协议时,缔约双方互致同意并明确双方的权利和义务。但当企业未通过签订协议而获取个人同意时,同意的宣示是单方向的——例如,从许可方到被许可方,或从数据主体到数据控制者。因此,对双方均具有约束性是协议与单向同意在概念上的一个重要区别。又如,根据许多国家和地区的数据隐私法律,数据主体可以自由撤回同意。但如果企业选择与数据主体签订协议,那么企业可以通过约定违约金等方式限制数据主体提前终止合同的权利。不过,为了满足 GDPR 对于数据处理合法事由的规定,协议中应明确要求企业对数据主体的个人数据进行处理,以此符合"合同必要性"事由(GDPR 第 6 条列举了数据处理的 6 项合法事由,其中包括同意和合同必要性)。再如,通过开源许可使用条款,著作权人授权同意任何人依照使用条款去复制、改编和发布其软件,用户无须和著作权人签订协议。不过一旦有人违反使用条款中的规定,著作权人可以依据著作权法主张其法定权利。

本小节阐述了企业应当做出的两个决定:一是如何创建、整理及分类合规条款和商业合同;二是如何在寻求单向同意和达成双向协议之间做出选择。在做出这两个决定之后,让我们进入到下一小节的内容,探索人工智能协议中的商业问题。

5.2 卖方主要义务

人工智能开发者可以追求多种不同的商业模式。一种是定制模式,即开发者只使用客户的数据训练人工智能,并按客户的需求设计人工智能的具体功能,客户可一次性购买产品,也可定期支付服务费。另一种是内供模式,即开发企业自行运行人工智能,为企业内部提供咨询、编程或市场调研等服务。还有一种是远程/云服务模式,即开发者通过网站、移动应用或应用程序编程接口(Application Programming Interface, API),远程向用户提供人工智能服务,并按用户访问次数或人工智能输出体量收费。人工智能的商业模式远不止于此,企业还可以在人工智能产业链的上下游开发各类辅助性项目,包括训练数据服务、输入设计服务、人工智能安全研究和著作权侵权检测服务等。

在商业合同中,企业必须详细描述所销售的产品,以避免消费者误解、不满,向企业索赔或提起其他违约起诉。理想情况下,企业应备好技术规格说明书,说明人工智能的功能(如基于概率模型来回应用户的输入)、局限性(如可能输出不准确的内容)、服务水平保证(如可用性、时延、技术支持响应时间)、安全性(以定义安全基准线)以及服务器位置(以便用户评估人工智能是否符合数据驻留要求和国际数据传输限制)。开发者和提供商应将人工智能的技术规格与纯粹的法律条款分开,争取保护技术规格不被商业谈判和针对产品合理性的司法审查所影响。

人工智能开发者和提供商应在技术规范中主动并明确承认,他们无法完全预测、解释或控制人工智能的输出。用户必须理解并接受人工智能的不确定性。

在合同中明确规定卖方的主要义务有益于买卖双方。在订购和更新方面,人工智能提供商(卖方)应保留单方面更新技术规格的权利。随着时间的推移,人工智能的新功能将被开发,新风险也会被发现。因此,卖方须在合同中为改进产品留有空间。另外，买方应意识到卖方可能对产品技术规格做出重大修改，使产品风险显著增加，导致买方对产品不再感兴趣。对此，买方应保留终止合同的权利。同理，卖方应意识到买方拒绝接受技术规格变更的可能性。为了保护自身利益，卖方可在合同中保留按比例退还预付款的权利，或保留继续按照原始协议提供服务，直到约定期满的权利。

5.3　买方主要义务

除支付服务费用外，用户通常还为人工智能提供数据，数据包括用户输入人工智能的内容和给予人工智能的反馈。人工智能提供商通常会明确保留使用用户输入和反馈数据的权利，以改进人工智能或开发其他产品和服务。个体用户通常会允许自己的数据被提供商使用，尤其是在提供商免费提供人工智能服务的情况下，用户的数据就是用户给服务所支付的"费用"。有些用户会认为，提供商使用自己的数据来改进或定制免费的人工智能产品是一种公平交易，因为用户也能从改进和定制中受益。

然而，如果用户是企业而非个体，提供商通常只提供收费服务。提供商是否拥有企业用户数据的使用权通常是合同谈判的焦点。如果企业客户授予提供商此类权限，则可能被视为向提供商出售数据——提供商低价向企业提供人工智能服务，以此交换企业数据的使用权。这种涉及服务、数据和费用的商业交易，通常会给买卖双方带来诸多问题。

让企业用户保留对其输入数据的所有权利通常有益于买卖双方。从知识产权法的角度，如果提供商承诺只按照用户的指示使用数据（提供商不会出于自身目的使用数据），那么用户就无须就数据中受著作权保护的内容或商业秘密授予提供商分许可权（即从属许可权）。在这种情况下，如果企业用户将受他人著作权保护的内容输入人工智能，内容的著作权人对此提出抗议，那么提供商仅作为技术服务的运行者，能更有力地反驳著作权人提出的侵权索赔。

从隐私和数据保护法的角度,如果提供商不对企业用户输入的个人数据主张权利,买卖双方都会受益。假设企业用户在人工智能中输入了企业客户的个人数据,并允许提供商出于自身目的使用这些数据,企业用户将被视为出售了其客户的个人信息。如果企业有位于美国加州的客户,则须根据CCPA向加州客户提供数据不被出售的权利。有时,企业用户还须根据GDPR获得EEA+客户的同意,才能将这些客户的个人数据传输给提供商,除非企业有其他法律依据允许其直接传输客户的个人数据。这些复杂的流程给企业的合规带来了额外的负担。另外,如果提供商对企业用户输入的个人数据主张权利,则须向数据主体(通常是企业的客户或员工)提供隐私通知,并直接答复数据主体提出的各项请求。然而,很多情况下,提供商并不知道数据主体是谁,这为提供商的合规工作带来了挑战。大多数提供商和企业用户都希望避免这种合规负担。因此,双方都希望提供商只扮演数据处理者(GDPR 术语)和服务提供商(CCPA 术语)的角色。这就要求提供商在合同中承诺不出于自身目的处理用户输入的个人数据,处理个人数据时会遵守用户的指示。对于标准化的个人数据处理工作,提供商甚至可以为其制订标准化规范。

提供商的人工智能可能会间接受益于用户输入的个人数据,但这并不妨碍提供商将自己定性为单纯的数据处理者。这种定性与咨询顾问在为客户工作时从客户信息中学习并无区别。另外,人工智能大语言模型实际上并不存储用户数据,而只是创建并保留数据中单词组合出现的概率。这就像接线员通过多次对话,逐渐了解呼叫者的期望和偏好一样。即使人工智能开发者或提供商删除训练数据,对大语言模型的性能并无根本影响。

用户向人工智能输入数据首先是为了自身利益,即获得人工智能的输出;其次是为了定制或改进人工智能的性能,以便人工智能日后提供更准确的输出。因此,买卖双方可以将提供商对用户数据的处理定义为提供商的义务而非权利,即便提供商也间接从服务中受益。在提供商和用户都是企业的情况下,可以让提供商保持数据处理者(GDPR 术语)、服务提供商(CCPA 术语)、业务伙伴(HIPAA 术语)或其他适用法律规定的角色。

在提供商是企业而用户是消费者的情况下,提供商即使在合同中承诺不出于自身目的处理用户个人数据,通常也不能减轻其合规负担。根据隐私和数据保护法,只有在提供商代表企业用户处理个人数据时,提供商才能拥有数据处理者、服务提供商或业务伙伴的合规优待地位。这是因为企业用户承担了数据处理过程中的全部合规责任,数据主体可以向企业问责,企业才是数据控制者(GDPR 术语)、经营活动者(CCPA 术语)或适用主体(HIPAA 术语)。法律约束企业,却不一定约束消费者。加州的消费者可以自由出售他们的个人信息,因为消费者不受 CCPA 的约束。同理,患者可以自由披露自己的健康信息,因为患者不受 HIPAA 的约束。

如果企业对提供个人信息的加州消费者给予经济奖励,则必须提供一份经济奖励通知。通知中须说明个人信息的价值,具体价值可能与企业使用信息的主要目的相关(如提供、改进或定制服务,或者一般性的产品开发)。根据 HIPAA,医疗服务提供商和其他适用主体须征得患者的正式授权,才能将患者受保护的健康信息用于为患者提供医疗服务以外的目的。根据 GDPR,如果企业出于无关目的处理个体用户的数据,则可能无法将"合同必要性"作为处理数据的合法依据。如果企业将欧洲消费者的个人数据用于无关目的,则可能必须寻求自愿、知情、明示和明确的书面同意,或者证明企业的合法权益无须为 GDPR 规定的消费者权益让路。综上所述,在服务个体用户时,人工智能提供商最好在合同和产品描述中将对用户数据的处理定义为提供商的义务而非权利,并避免在合同范围之外出于无关目的处理用户数据。

此外,根据 GDPR,如果消费者在纯粹的个人或家庭活动之外处理个人数据,消费者也和企业一样须履行合规义务。EEA + 的数据保护机构和法院对不适用 GDPR 的家庭活动定义极为狭隘。挨家挨户传教、在社交媒体上发布孙子的照片、在家门口的公共道路上安装监控摄像头的行为等,都在 GDPR 的监管范围之内。在这些情况下,EEA+ 的个人和企业一样都须遵守 GDPR 的规定(详见本书第一章第 1.8 部分)。无论是个人用户还是企业用户,当作为数据控制者将个人数据传输给人工智能提供商,并且允许提供商出于自身目的处理数据前,都须征得数据主体的同意,或证明其合法利益允许数据传输。因此,提供商最好能承诺不出于自身目的处理数据,仅代表用户并根据用户的指示处理数据。这样做不仅对 EEA+ 的用户有好处,也间接有利于提供商——如果提供商在设计人工智能产品时诱导或可能导致消费者违法,那么提供商可能要对消费者的违法行为承担辅助责任或转承责任。

5.4 各方次要义务

如果人工智能造成伤害,所有相关方都可能被追究责任。例如,如果用户散布由人工智能生成的诽谤性言论或侵权艺术品,受害方不仅可以向用户索赔,还可以向人工智能开发者和提供商索赔。如果用户导致自动驾驶汽车或人工智能机器人发生事故或故意伤害他人,开发者和提供商可能要承担辅助责任。因此,减少人工智能造成的伤害和违法风险符合各方的共同利益。

在商业合同中,缔约各方应详细说明各自承诺做什么和不做什么,以避免伤害的发生。例如,用户可以承诺:

- 在将人工智能输出内容作为事实或者基于该内容做出对个人产生重大影响的决定前,对内容进行核实、更正或补充;
- 避免向人工智能提交个人信息,除非用户已获得数据主体的同意或以其他方式确保人工智能处理该信息有合法依据;
- 避免故意导致人工智能输出侵犯知识产权或违反其他适用法律的内容;
- 遵守人工智能提供商列出的具体使用规范。

人工智能提供商可以承诺：

• 对用户的输入内容和账户信息采取合理的安全保障措施；

• 定期审查人工智能输出内容是否存在偏见，并进行数据保护影响评估和风险评估；

• 向用户和开发者通报人工智能最新的伤害风险，例如，发布或更新系统技术规格、概况介绍（fact sheet）、模型卡（model card）、系统卡（system card）、服务说明，或通过各端口发布用户提示。

人工智能开发者可以承诺：

• 监测有关人工智能致害的举报，并提供补救和改进措施，解决提供商和用户举报的问题；

• 向提供商、用户和公众通报最新的人工智能致害风险，如发布或更新系统技术规格。

5.5 所有权归属

通常情况下，提供商将保留对人工智能的硬件、软件和功能的所有权，而用户将保留对其输入人工智能信息的所有权。关于人工智能的输出信息，提供商和用户最好能就权利分配达成一致。例如，双方同意"提供商不主张对输出信息的任何所有权"或"输出信息所有权归属用户，但用户不得获得其他用户生成信息的所有权，包括其他用户可能以相同、相似或不同的输入生成相同或相似信息的所有权"。然而，无论是开发者、提供商或还是用户，都有可能无法就人工智能的输出信息获得知识产权保护，原因详见本书第一章第1.3.1部分。

企业经常为谁拥有数据而争论不休。根据大多数发达国家的财产权法，没有人拥有数据，但各方都对个人数据负有责任。对数据的使用权利进行明确规定，各方都会受益。人工智能提供商通常将自己定位为用户数据处理者和服务提供商。根据此定义,提供商无权出于自身目的处理或授权处理用户数据。若提供商想处理用户数据,必须得到用户的明确指示。

由于提供商使用用户数据的权利受限,如果提供商(或开发者)想使用用户数据开发新产品,须征得用户同意。但是,很多用户在法律上无法给予这种同意。以企业用户为例,有些企业的数据保护官会反对授权提供商使用企业数据,其他企业用户可能会要求提供商给企业抽成。这些情况往往会导致提供商和企业用户之间进行复杂的谈判。

如果提供商想使用用户数据来训练人工智能,可以将此定义为提供商向用户提供服务的一个必要步骤,因为训练后的人工智能可以为用户提供更好的服务。按照此方法,提供商仍需根据用户的指令来使用数据,但提供商可以负责起草用户指令,然后征求用户同意。人工智能通过学习用户数据不断提高自身能力与咨询顾问从客户项目中不断吸取经验并无根本区别。大语言模型实际上并不存储用户数据,而只是存储单词组合的概率。提供商删除训练数据后,大语言模型的基本功能不会受损。对此,提供商应在技术规格中解释人工智能使用数据的细节,作为人工智能依照用户指令处理数据的凭据。

5.6 机密信息及安保方案

一般情况下,服务提供商会在保密条款中承诺采用合理的数据安全措施,保护数据安全。一些客户会坚持要求,提供商保护客户数据(包括人工智能输入和输出)的力度至少与提供商保护自身机密信息的力度相同。近年来,有些客户还会要求提供商在合同中对技术和组织安全措施作出更具体的承诺。就技术和组织安全措施与客户达成协议也符合提供商的自身利益,因为如果提供商能证明自己满足了合同所规定的要求,那么一旦发生数据安全事件,提供商就能更好地为自己辩护、应对各种指控(如对提供商疏忽或违约的指控)。反之,如果提供商只是宽泛地同意采取数据安全措施,一旦发生数据安全事件,提供商很难证明自己采取的措施是合理的。

5.7　违约责任

如果商业合同中没有明确规定违约的后果,那么这些后果将由相关的法律法规和普通法原则来决定。为了补救违约行为,卖方(服务提供商)通常必须提供达到合同标准的产品或服务,并赔偿买方因材料缺陷和延误履约而造成的直接和可预见的损失。对于新技术的开发应用,企业常常会担心法院将如何定义产品或服务缺陷、缺陷的重要程度、缺陷所造成的损害是否具有可预见性,以及违约企业应采取的违约救济方式。如果违约由新技术的缺陷所导致,且该缺陷尚无解决方案,违约企业是否有能力维修或更换不合格产品也是未知数。由于人工智能的功能和输出无法被准确预测、解释或控制,企业在涉及人工智能产品和服务时必须额外注意这种不确定性。

大多数企业会通过陈述(representations)、保证(warranties)和赔偿(indemnification)条款来分配商业风险。明确商业风险的分配对缔约双方都有利,但是商业风险的分配往往是零和游戏,一方的优势等于另一方的劣势。企业必须根据其相对规模、利益、需求和能力,协商合理的违约救济,并就违约的风险和责任分配进行谈判。

企业向产品及服务提供商提出的要求,应至少与企业的客户对企业提出的要求相同。这可以避免企业陷入客户要求高而提供商承诺低的困境。在实际操作中,企业可以盘点客户迄今为止提出的要求或提供商在竞标中许诺的条件。至于企业是否要向提供商多提一些要求、给客户少做一些承诺,那就是谈判策略和筹码的问题了。

对于不可被预测、解释和控制的新式人工智能产品,开发者和提供商通常不愿意在合同的陈述和保证条款中对产品的适销性、适用性、输出的准确性和非侵权性做出宽泛、无限制的承诺。作为交换,开发者和提供商可以考虑向用户提供产品的明确技术规格。在实际操作中,用户难免要承担起验证人工智能输出真实性的责任。尽管如此,用户最好能要求提供商对人工智能产品做出最基本的陈述和保证。

在商业合同中,人工智能用户也被称为买方、买家或客户。人工智能开发者和提供商也被称为卖方、卖家或供应商。买卖双方可以考虑用以下商业条款作为样本,达到合理的折中方案。具体情况还是要取决于各方的商业模式、经济考量和人工智能使用案例。

> (a)提供商陈述并保证,人工智能的性能与提供商在技术规格中所述基本一致。提供商不提供任何默示的保证和陈述,包括但不限于任何关于适销性、特定用途适用性和非侵权性的默示保证。

提供商应在合同中保证,人工智能的性能与提供商在广告和技术规格中所述基本一致。提供商应避免夸大人工智能的功能和安全性。同时,提供商应准备文件来支持他们对人工智能所做出的任何声明。

历史上,一些软件公司在广告中过分夸大其产品功能,并试图在合同条款中免除企业对产品缺陷的责任。在美国,企业在一定程度上享有这样做的自由,因为美国商业法对商业言论和合同自由的保护程度要高于其他国家。但是,在德国法律下,法院通常会废除标准合同条款中卖方未经协商就强加给买方的免责声明和责任限制。无论合同选择了哪国法律,德国消费者作为买方都可以依据德国法律获得法院的保护。但如果买方是外国企业,德国企业可以与买方协定选择非德国的法律作为合同的适用法律,这样德企作为卖方就可以在合同中为己方加入受适用法律认可的免责声明。这也就是为什么德企通常坚持在购买合同中选择德国法律,而在销售合同中会选择瑞士或其他国家的法律。

当德国法律适用时，卖方为了限制自身对企业用户的责任，可以单独与企业用户协商免责条款，并保留协商过程中的文件（如红线版本）作为证据，因为经过协商而达成的条款受到的监管审查要少得多。不过，更恰当和有效的做法是，卖方在产品技术规格中充分描述、限定和限制用户对产品的期望，从而限制卖方责任。例如，如果卖方向用户提供基于大语言模型的聊天机器人，应说明机器人基于概率方法生成文本，其生成的文本有错误的概率。卖方应通过产品技术规格而非合同免责声明来披露这些信息，因为合同免责声明不可避免地会经过谈判，其措辞可能会因商业妥协而被弱化，但产品技术规格一般是不用经过谈判的。如果卖方在产品出售前就充分披露了产品的局限性，成熟的企业买家一般无法在购买后声称卖方违反了保证条款或有其他违约行为，因为企业无法证明产品有未被披露的缺陷。卖方可以用这种方式来约束企业买家，但无法约束个体用户或其他第三方。尽管如此，卖方还是可以通过披露产品的已知局限性来减轻其潜在民事责任和产品责任。合规的披露可以帮助卖方将责任转移给用户，降低自身责任。

关于免责声明、责任限制和赔偿条款的有效性和可执行性，许多法域的做法往往介于美国和德国之间。在几乎所有国家，卖方都可以通过明确、充分地披露产品和服务的局限性来降低责任风险，因为符合缔约双方商定规格的产品并不存在所谓的缺陷。不过，卖方是否能够免责或完全限制责任，最终还是要取决于当地消费者保护法、产品责任法和商业法的共同作用。

（b）如果提供商收到客户详细的书面通知，称人工智能未能按照提供商列出的技术规格运行，或提供商未能达到明确约定的服务水平，包括可用性、时延或响应时间等，那么提供商应在收到客户通知后30日内采取商业上的合理措施，以修复人工智能的重大故障。如果提供商无法在30日内修复重大故障，或者客户通知的重大故障数量超过适用服务水平协议（service level addendum，SLA）中容许的范围,则客户有权根据服务水平协议获得服务费抵扣或终止服务。除此之外,关于本协议中人工智能及相关服务的可用性或性能的任何保证或陈述,如有违背,客户将无法享有除上述之外的其他权利或违约救济。

缔约企业之间应协定一套明确的流程来处理人工智能的性能问题。一旦人工智能出现重大故障,提供商很难保证能够替换或修复不符合用户期望的人工智能系统。因此,缔约各方应在服务水平协议中商定有关系统可用性、时延、技术支持响应时间和其他细节的明确标准。各方还应商定一个合理的经济补偿制度,其形式既可以是卖方抵扣或退还买方费用,也可以是买方终止协议。如果卖方免费提供服务,终止协议通常是买方对服务不满意的唯一补偿措施。

(c)提供商陈述并保证,产品已知的重要限制和重大风险已被披露。

提供商(作为卖方)应在合同中保证,产品已知的局限性和风险已向买方披露,在保修期内如若发现新的局限性和风险,也将向买方披露。为遵守承诺并降低风险,卖方应在产品技术规格和实时通知中明确告知买方所有已知的产品局限性和相关风险。例如,向买方推送"产品输出可能不准确;用户在依赖输出内容之前必须检查和验证"等警示。卖方也可以和买方签订产品维护协议,向买方收取产品的持续维护费用。即使不收费,持续维护产品可以减少人工智能致害的风险,也符合卖方自身的利益。根据竞争法,卖方不可将产品与相关的定期付费服务捆绑销售。因此,卖方最好不对产品的更新维护单独收费。更新维护可以作为产品的一部分,其成本纳入产品的价格一同计算。

（d）提供商交付给买方、供买方本地部署的人工智能代码、权重和其他组件不包含侵犯著作权或商业秘密的材料。提供商不知晓与交付系统相关的专利侵权行为。如果提供商违反其保证内容，提供商应赔偿用户因第三方索赔而产生的损失，条件是用户（1）及时提供索赔通知并配合辩护，以及（2）未导致或在实质上促成人工智能的侵权行为，包括违反合同义务、不合理地促使人工智能生成侵权内容且在事后未采取风控措施等。如果用户违反其合同义务或法定义务并促成侵权或损害的发生，用户应对提供商进行赔偿。

关于侵权风险，确定性系统（非人工智能系统）提供商通常会向企业客户保证，为客户本地部署的任何代码和输出都不侵犯第三方著作权或商业秘密权，且提供商不知晓专利侵权的情况。此外，如若第三方对用户提出侵权索赔，确定性系统的提供商通常同意对用户提供赔偿和辩护。但用户须遵守提供商的条件（包括用户的及时通知和合作）和限制（包括用户的辅助责任以及损害赔偿的上限金额）。在系统输出方面，提供商的赔偿义务仅限于因确定性系统自身原因而产生的侵权输出，例如，侵权的内容来自系统生成的用户界面或幻灯片中自带的剪贴画。作为回报，用户同意就因用户行为而引起的第三方索赔案件对提供商进行赔偿，包括用户对确定性系统的修改或用户自行创建的输出，例如，用户使用 Word 文档创建的文本或用户在幻灯片中设计的图像。

关于人工智能的侵权风险，提供商和用户还必须在保证条款、免责声明和赔偿条款中找到合理的折中方案，从而明确责任界限。人工智能系统可能需要新的责任界限，因为无论是开发者、提供商还是用户，都无法预测、解释或控制人工智能的输出。对于特定的输出，用户可能有不同程度的过错。例如，如果用户明确要求人工智能仿照某软件的代码或生成与某作者风格类似的作品，那么用户对人工智能生成侵权作品也负有责任，其过错比用户仅仅要求人工智能生成某功能的代码或撰写某主题的作品更大。同时,如果某开发者在未获许可的情况下使用受著作权保护的数据对人工智能进行训练,那么与另一个获得许可或从训练数据中过滤掉受著作权保护内容的开发者相比,前者往往要承担更多的侵权责任。

　　一般来说,法院很难确定是提供商还是用户造成了人工智能的侵权行为,因为人工智能的输出无法被预测、解释或控制。如果原告也无法确定是提供商还是用户造成了侵权输出,原告可能会同时起诉两者。因此,提供商和用户从某种层面来说是利益共同体,双方应一致同意:(1)尽最大努力避免侵权输出;(2)在合同中规定具体的预防措施;(3)合作抵御第三方的起诉索赔。用户还可以更进一步,要求提供商担保人工智能开发者没有使用侵权数据来训练人工智能。但是,有时这样的要求并不合理,因为训练数据侵权并不一定会导致输出内容侵权。确定性系统(非人工智能系统)提供商向来不对技术开发过程提供担保,只对其交付给客户、供客户在本地部署的系统提供担保。

　　(e)缔约各方均应遵守适用法律,包括隐私和数据保护法。买方不得向人工智能提交个人数据、商业秘密或其他信息,除非买方根据适用法律有权进行此类操作,并确认提供商可以在不违反适用法律和侵犯第三方权利的情况下,根据本协议处理买方提交人工智能的数据。

　　提供商应明确告知用户,是否可以将人工智能的输出视为用户个人数据或其他事实信息。用户不应将基于概率生成的信息(如大语言模型和聊天机器人的输出)视同权威信息源。相反,用户应将大语言模型的输出看作草稿、翻译软件的建议、编写短信的自动补全功能或 Word 文档的拼写检查工具等辅助性质的内容。在依赖或传播由人工智能生成的内容之前,用户有责任验证其内容的正确性。

　　提供商应就此对用户进行告知,并在合同中规定用户的义务。由于大语言模型的强大功能,其输出内容的准确性常常高得令人吃惊(尽管大语言模型在训练后可能无法持续访问训练数据,且大语言模型仅根据概率生成词句,并没有经过科学验证)。用户已习惯大语言模型等模型输出准确的结果,以至于有时可能会无视模型不准确的输出,放松了对输出内容的检查。为了防止用户麻痹大意,提供商须常常提醒用户,人工智能的输出可能不准确,用户有责任检查输出内容的真实性。

　　同时,人工智能用户必须确认,适用的数据保护法允许用户将人工智能输出的内容作为有关个体的数据来处理和传播。人工智能用户,而非提供商,须确保输出内容在数据保护法方面的合规性。但是,如果提供商诱导用户违反数据保护法、明知用户违法却未采取合理的预防措施,或从违规行为中获利,那提供商可能要对用户的违规行为承担辅助责任或转承责任。提供商往往比个体用户更财力雄厚,因此也更容易成为第三方索赔的对象。

　　人工智能开发者在为开发和训练人工智能而处理个人数据时,有责任遵守隐私和数据保护法。开发者必须合法收集个人数据,并确认适用法律允许他们将个人数据用于训练目的。如果开发者违反了这些义务,日后用户又将人工智能输出内容作为有关个体的数据来处理或传播,被处理和传播的内容则更有可能会违反隐私或数据保护法。即使开发者遵守了所有适用法律,用户仍必须验证人工智能输出的内容并对其负责。

　　提供商往往无法对用户行为提供绝对的陈述和保证,即提供商无法保证用户会依据隐私或数据保护法来处理人工智能输出中的个人数据。提供商往往不会承诺或保证他们在开发和训练人工智能过程中的行为完全遵守数据保护法规,因为开发和训练中的潜在违规并不意味着直接对用户构成风险。确定性系统(非人工智能系统)的提供商通常也不会提供有关其开发流程合规性的陈述和保证。

（f）开发者在选择训练数据、设计和改进人工智能时已做出合理努力，避免人工智能基于种族、性别等受法律保护的因素对个体进行歧视（避免人工智能带有非法偏见）。开发者所做的合理努力在产品技术规范中有准确描述。提供商已对人工智能的输出内容进行测试，并未发现人工智能从统计学的角度带有非法偏见。提供商将向用户提供由知名审核机构出具的年度证明，证明提供商已采取有效措施，消除人工智能的非法偏见，并确保用户可以合法使用提供商所提供的人工智能。

提供商无法确保或严格地证明人工智能的输出不会触犯反歧视法，因为人工智能的输出无法被预测、解释或控制。但是，提供商可以采取多种方式来降低风险，包括组建多元化的团队来审查训练数据和训练方法，测试从统计学的角度来看人工智能做出的决策和人类做出的决策是否有明显偏差，以及选择接受第三方的审核。作为一项额外的风控措施，提供商可以在合同中规定，如果用户使用人工智能做出的决策将会从法律等方面对他人产生重大影响，用户有向受影响一方提供人工决策的义务。

5.8 违约责任界定及限制

缔约各方都希望降低自身违约或侵权时须承担的责任，责任限制条款也因此而生。根据许多法域的强制性消费者保护法，企业无法限制对个体用户的责任。但如果用户也是企业，人工智能开发者和提供商通常可以和企业用户商定损害赔偿的上限（如不超过用户年度付费金额）及免责声明，包括附带、间接和后果性损害所造成的责任。企业用户应向开发者和提供商提出相似条款（也限制用户的赔偿上限），因为用户也可能通过人工智能造成损害，而提供商可能要为用户的行为承担辅助责任。此外，缔约各方还应商定如何处理重大过失或故意违约等特殊情况，并优化条款措辞以应对适用法律的具体要求。

卖方还可以在合同中对违约救济的方式进行限制。卖方通常会把违约救济限定为赔偿买方经济损失，而卖方无须以其他方式纠正违约行为，例如，卖方无须修理、更换或改进产品或服务，直到满足系统规格为止。人工智能开发者和提供商应重视对违约救济条款的使用。在某些情况下，要想通过修复或更换人工智能来纠正卖方的违约行为，要么没有可操作性，要么代价过大。在美国，如果卖方提出足够的经济赔偿，法院一般不会强制卖方履行合同义务（如修复人工智能）。但根据德国和其他大陆法系国家的商业法，强制违约方履行合同义务是缔约各方的常见权利。因此，如果人工智能提供商违约，德国法院可以责令提供商改进人工智能，直到满足系统规格要求，即使这样做会对提供商造成巨额成本和不合理的负担。

虽然责任限制在合同中相当普遍，但缔约各方有时也会以合同的形式扩大责任，其形式包括惩罚性违约金（又称罚金）或补偿性违约金。买方有时会坚持在合同中事先约定好卖方违约的罚金数额，因为买方担心卖方违约对己方造成的具体损失金额将无法确定。但是，出于公共政策的考虑，许多法域的民事法院不愿意执行合同中约定的罚金。通常情况下，政府对处罚拥有垄断权，与民事案件相比，刑事案件将受到更严格的程序保护，处罚的举证责任也更重。尽管如此，民事法院通常会接受缔约各方事先商定的延迟付款利率，以及违约方提供的服务费折扣或抵扣，前提是法院认为数额合理。人工智能和其他新型服务的开发者和提供商通常不愿以合同方式预先确定罚金数额，因为人工智能等新技术具有不确定性，没有人能准确预测、解释或控制人工智能的功能和输出。

5.9 准据法选择和争议解决

在商业合同中,缔约各方应明确规定合同的准据法(governing law)和争议解决机制,且确保争议解决中的法官或仲裁员熟悉准据法。如果合同对准据法和争议解决机制没有明确规定,缔约各方就无法优化合同的措辞,以最佳方式实现合同的预期功效。

5.10 不可抗力

缔约各方通常同意,如果由于战争、恐怖主义和大流行病等不可控事件,使缔约一方无法履行合同义务(付款义务除外),则违约方不用承担违约责任。此类条款旨在解决缔约各方无法预见的情况。人工智能的功能或输出也无法被准确预测、解释或控制。开发者或提供商应及时披露人工智能的不可预测性,且最好披露在商业合同的首要条款中,与产品或服务的定义同时出现,并附加具体的应对措施。

第六章 规 程

在规程中,企业向员工和承包商说明具体的职责、禁令和流程。无论是法律法规还是商业合同都很少要求企业执行特定的规程。但是,许多企业(尤其是大型企业)出于运营目的须制定书面规程,以确保员工和承包商能按规章制度行事。在人工智能方面,企业常常受益于制定有关人工智能开发使用以及数据获取方面的规程。本章将列举此类规程的不同样本。

简明扼要、具体适用、易于理解的规程最容易被遵守。企业应根据其规模和风险状况、员工和承包商的专业背景,以及在人工智能方面的业务目标,谨慎决定规程中的内容。

一家企业在人工智能方面需要多少规程,取决于其运作方式、员工人数和员工的专业化水平。对于一家业务种类繁多的大型跨国企业,很多员工可能不习惯与计算机打交道,在该企业将人工智能引入业务流程时可能须制定一整套规程。相反,对于一家开发人工智能的小型初创公司来说,可能只需要一些关于获取训练数据、使用人工智能编写代码和人工智能安全性的基本规则。如果企业的人工智能由第三方提供,企业应通过规程来规定哪些类型的信息可以提交给人工智能,以及员工在依赖或传播人工智能输出结果前必须如何对其进行验证等问题。

在编写规程时,要考虑到该规程的实施对象、部门员工已经了解的情况、在操作中可能遇到的困难,以及如何才能最好地传达规程的内容。每份规程最好只包含与实施对象具体相关的规则。以下样本的内容和结构有一定的借鉴作用,但企业完善规程时还须考虑到实施对象的实际情况,真正做到量体裁衣。

6.1 样本规程：生成式人工智能的合理使用

外部工具使用规程

（包括生成式人工智能、搜索引擎、翻译程序，以及其他文本生成工具）

所有员工和承包商在使用生成式人工智能、搜索引擎、翻译程序和其他文本生成工具（统称为"外部工具"）时，必须遵守本规程及企业所有其他政策和适用法律。计算机程序员还须遵守企业的"外部代码使用规程"。本协议具有法律约束力、保密性和专有性，且仅为企业本身创建权利。

必须（DO）

○ 在您将任何机密信息或个人信息输入任何外部工具之前，请确认企业与外部工具的供应商之间已有充分的协议，如保密协议（Non-Disclosure Agreement, NDA）和数据处理协议（Data Processing Agreement, DPA）。

○ 在使用免费或可公开获取的外部工具时，只能输入非保密且不可用于识别个人的信息；有关企业批准的外部工具列表，请参阅此处或向法务部咨询。

○ 审查并纠正外部工具的输出内容；外部工具可能会产生"幻觉"或错误；您应对工作成果的准确性负责。

○ 在所有可能影响求职者、员工或其他人员的事务上引入人工决策；除非事先经过法务部的审查和批准，否则不得在求职申请、绩效考核、晋升、奖金或其他影响个体的事务上进行机器自动化决策。

○ 确认企业不需要著作权；通常情况下，企业不会拥有您使用外部工具生成材料的所有权，一旦企业发布这些材料，其他人可以在未经企业许可的情况下将其复制；如果企业出于商业考虑不允许这种情况的发生，企业将需要您、其他员工或承包商自行创建材料。

禁止（DO NOT）

○ 禁止将机密信息或个人信息输入公开或免费的外部工具。

○ 禁止在任何外部工具中输入商业秘密信息，包括那些获得批准的供应商提供的工具，除非能够确保供应商或其人工智能系统无法接触到企业的商业机密。

○ 禁止在未经法务部批准的情况下使用自动化决策或自动化外部通信；如果企业部署人工智能聊天机器人与客户和网站访客沟通，须充分披露并进行影响评估，以确保服务的质量和安全。

○ 禁止将外部工具的输出内容作为自身的工作成果使用或展示，除非已核实输出内容的准确性；若采用人工智能的输出内容，请公开声明对人工智能的使用（禁止剽窃）。

6.2 样本规程：人工智能生成代码和开源代码的使用准则

外部代码使用规程

（包括由人工智能生成的代码和开源代码）

本草案为企业内部保密且专有规程。除企业自身外不创建任何人的权利。

程序员经常使用开源软件和获得第三方授权的非开源软件。同时，他们也越来越频繁地采用第三方提供的生成式人工智能技术生成代码，或在这类技术的辅助下编写代码。这类"外部代码"的一个特点是，企业通常无法对其拥有著作权，原因在于其创作者为企业外的个人或人工智能系统。因此，对于这些外部代码，企业必须确保其能证明：(1)企业已经获得并遵守代码著作权人的许可，或(2)该代码不受任何第三方著作权保护，因其由人工智能生成时不侵犯任何第三方的著作权。

机遇与风险。通过使用外部代码，企业可以专注于新技术的开发，以在市场竞争中保持领先地位。但是，如果企业无法记录和证明企业拥有使用外部代码的权利，对外部代码的使用可能会使企业面临第三方侵权索赔。人工智能的提供商就曾被外部代码的开发者起诉，称其代码未经许可被用于训练人工智能，导致人工智能输出了侵权内容。使用开源代码的企业也曾被代码的开发者起诉，开发者指控企业违反了某些开源代码许可条款或在发布企业代码时使用了未经开发者同意的特定开源代码许可。这些风险可能会导致企业面临诉讼、损失知识产权，或被迫披露需要保密的源代码。

风险程度。 企业在任何时间点和任何情境下都必须遵循适用的法律规定，并尊重第三方的权益。同时，为了降低潜在的法律风险，企业往往要投入更多的精力进行尽职调查、完善文档记录，这要求企业在风险管理和工作量之间找到平衡。通常来说，以下各类代码具有不同程度的风险：

○ **对外发布产品。** 企业交付给客户或其他外部接收方的软件一般存在较高的风险。这些软件可被下载、预装在硬件或磁盘上，或以其他形式在收费合同下被提供。接收方可以分析企业所提供的代码，而法院禁令可能会极大地干扰企业的客户和业务。

○ **自由共享代码。** 企业通过开源许可或其他免费方式共享的代码，包括那些输入到某些人工智能工具中的代码，虽然允许第三方进行分析，但是即便面对法院的禁令，也不太可能对企业的运营造成重大影响。因此，这类代码的相关风险较低。

○ **服务代码。** 企业内部用于提供软件即服务（software-as-a-service，SaaS）或其他付费服务的代码不容易被第三方分析，因为这些代码永远不应该离开企业。但法院禁令可能会对企业的软件即服务、云服务和其他业务线造成严重破坏。

○ **工具类应用。** 企业内部使用的工具类应用往往风险较低，因为其使用不对企业外部可见，且不直接与企业收入相关。一旦出现问题，大多数工具类应用都可以被更换。

审批流程。为了有效管理风险,法务部建立了一套外部代码审批流程。通过此流程,开发者可以提交希望使用的外部代码以供评估。该审批流程旨在迅速提供反馈,使开发者能够在确保法律合规的同时,有效地推进项目进度,并保留必要的文档记录。获得批准的具体案例可作为未来类似批准的标准,以进一步缩短审批所需时间。

企业可以预先批准特定人工智能的使用,以及上述四类使用情况下的第三方和开源许可条款,即(1)对外发布产品;(2)自由共享代码;(3)服务代码;(4)工具类应用。在预先批准任何第三方或开源代码许可之前,企业须考虑到使用开源许可可能带来的风险。法务部在审批过程中将权衡利弊、综合评估后再作出决定。

可接受的风险(可以被预先批准的风险):

○ 用于生成代码的人工智能,其训练数据可能存在著作权的侵权风险;如果人工智能未涉及现有的诉讼案件,或者来自声誉良好的提供商并附有相应的陈述、保证和赔偿保护,那么开发者可以用该人工智能生成简单、通用的代码。代码对外使用前须经过员工的审阅修改,并经过开源侵权检测软件的审查。

○ 大多数开源许可协议不是由律师起草的,没有常见的法律术语。与律师起草的商业许可协议相比,开源许可协议的用语可能更加含混不清。

○ 对于由多人合作完成的开源代码,其知识产权的归属往往并不明确,因为这些开源代码可能是开发者在正常上班时间内编写的。

○ 开源许可协议通常包括对所有保证、陈述和赔偿的免责声明,即使是在法律不允许使用免责声明的情况下;开源许可协议也不会指定须负责任的许可方。

○ 许多开源许可协议包含署名、变更文档等合规要求。

○ 开源许可协议通常不规定协议期限或终止权。因此,著作权人在给出合理通知的情况下,可以随意终止许可协议。这种风险在现实中发生的情况目前还没有被公开报道过,但如果出现这种情况,所有下游的被许可人都必须停止复制和使用受影响的开源代码。

可疑风险(要单独审批的风险):

○ 对外发布产品中的外部代码必须有明确的文档记录,并由法务部审查。

○ 许可条款有时会存在合同解释问题。当某一使用案例的解释与许可条款提出者的官方解释不一致时,法务部将不予预先批准该使用案例。例如,尽管自由软件基金会(Free Software Foundation,FSF)对衍生作品的定义可能未完全得到著作权法的认可,但企业在决定是否批准使用遵循通用公共许可证(General Public License,GPL)的代码时,仍需考量自由软件基金会的立场。

○ 开源许可对其允许使用的范围可能定义不明:一些开源许可允许内部或私人使用,但没有明确说明内部或私人使用的范围。例如,在子公司之间共享开源工具、在网络服务后端部署开源软件或在外包情况下使用开源代码,是否仍属于内部使用。若企业能够在短时间内停止使用外部代码,这可能是一种可接受的风险,但企业仍须逐案评估,不允许预先批准。

不可接受的风险(审批通常不应给予通过的风险):

○ 如果外部代码遵循所谓的"病毒式"或"免疫式"开源许可——这类许可要求所有接收方(包括企业)必须公开或自动授权其所有下游修改、贡献或衍生作品,法务部通常不应批准将此类代码用于企业对外发布的产品中。但也存在例外,比如在使用较宽松通用公共许可证(Lesser General Public License,LGPL)许可下的动态链接库时,或者如果管理层已经同意根据通用公共许可证条款免费发布企业产品中的代码。

○ 同理,如果外部代码遵循所谓的"病毒式"或"免疫式"开源许可,例如阿费罗通用公共许可证(Affero General Public License,AGPL)或类似条款,法务部不应批准在服务代码中使用这种外部代码,除非管理层已经批准将服务代码免费发布在通用公共许可证的条款下。

○ 法务部不应批准在对外发布产品或自由共享代码中使用由人工智能生成的代码,除非负责相关代码的开发者能提供书面文档和声明,阐述代码的开发过程,并证明在整个开发过程中已遵守本规程的要求。

常见问题:

如果我使用外部提供的人工智能生成代码,代码的著作权归谁? 根据"受雇工作"原则,您作为企业员工所开展的任何创造性活动都可能导致著作权归企业所有。但是,如果您只提供了有关代码所需功能的说明、简明提示或规格,而第三方提供的人工智能自行创建了代码,这可能不足以证明您是代码作者,因而也就不能证明企业拥有代码的著作权。根据美国著作权法,软件工具本身不能被视为作者。同时,人工智能的著作权人并不自动拥有人工智能输出内容的权利,因此也可能无法获得人工智能所创建代码的著作权。

什么是开源软件(Open Source Software,OSS)? 开源软件是指在开源许可下提供源代码的计算机软件,允许任何人研究、更改和改进其设计。

什么是开源许可? 开源许可规定了在一定条件下允许使用开源代码的法律条款,通常允许对代码进行修改和再分发,无须向代码原作者付费。

为什么使用开源软件? 开源软件可以为通用功能提供快速、优质的解决方案,免除了企业进行内部开发的需求,从而使企业能够释放资源,集中精力开发具有较高附加值的专业功能和创新项目。

○ 安全。由于全球有数百万人可以访问其源代码,开源软件相比于未开源的软件,常常受到更大程度的审查和同行评审。另外,开源代码来源不明,其结构又为公众所知,也可能带来新的安全风险。

○ 可靠。广泛的审查和同行评审过程有助于提高开源代码的可靠性。然而,资源的有限和对规模较小项目的较低承诺,也可能引发对代码可靠性的疑虑。

○ 低成本。许多开源产品几乎不需要费用或费用很低,相比昂贵的竞争对手,可节省大量成本。

○ 灵活。由于源代码可以被任意修改,在硬件能力的许可范围内,开源软件几乎可以做任何事情。

○ 无锁定。对于专有系统,用户可能会越来越依赖于系统的供应商。如果供应商停止交付或中止产品,用户将面临严峻挑战。相比之下,开源产品得到了开源社区的广泛支持,社区成员可以持续地对产品进行支持和开发,为用户提供持久的解决方案。

○ 没有硬件或操作系统限制。开源产品可以被移植到各类平台,而不是被固定在供应商选择支持的特定平台上。

使用开源软件有哪些需要担心的事项? 开源软件可能会侵犯他人的知识产权,其条款也可能对企业自身的知识产权产生不利影响。例如,如果企业产品中使用了受"病毒式"或"免疫式"开源许可约束的代码,企业可能有义务将整个产品开源;使用开源软件也可能导致企业无意中向竞争对手泄露知识产权,或给予竞争对手使用企业知识产权的广泛权利。

我所在团队当前的外部代码使用流程既快速又方便。为什么要让法务部介入? 与外部代码相关的许可中可能存在许多陷阱。法务部在分析、解决开源许可和人工智能相关问题上拥有专业知识。法务部的外部代码审查流程同样高效便捷,能够为您提供专业指导,帮助您识别并应对那些您可能尚未察觉的潜在风险。

哪些开源许可是预先批准的?预先批准有什么作用? 预先批准的许可列表请见附件,也可从此处获取。尽管预先批准的许可数量很少,但使用这些许可的软件无须经过法律审核。

法务部审查需要多长时间? 我们当前的目标是在收到包含所有必要信息的审查表后,3 个工作日内对申请者做出答复。(审查表可在此处获取。)

为什么我不能在未经法律审查的情况下将开源软件用于纯粹的内部用途?纯内部使用难道不是完全安全的吗? 不。关于何谓纯内部使用的界限并不明确。举例来说,一些观点认为,在附属企业之间共享代码、允许承包商访问代码,或是在提供网络服务的后端使用代码,都被视为代码的对外"分发",这可能会触发一些开源软件许可协议中复杂且严格的条款。具体细节请见前文。

我只想测试一些软件是否可以使用。在测试之前,我需要法务部的批准吗? 如果您亲自进行测试,且不与企业其他人共享任何包含外部代码的软件,则不需要法务部的批准。任何超出此范围的使用都必须获得法务部的批准。

第三方和开源代码审批流程要求提供许可信息,但我不知道从哪里获取,我该怎么办? 请通过[联系方式]联系[联系人],以协助查找审批流程中要求的信息。

我怎么知道我使用的软件是开源代码还是商业代码? 如果源代码是免费公开的,那么您使用的代码很可能是开源代码。如果您需为任何代码(无论是源代码还是可执行文件)付费,那么该代码很可能是商业代码。如果您仍不确定,请通过[联系方式]联系[联系人]以寻求帮助。

我的开源许可审查申请被拒绝了,法务部不允许我使用某代码或软件,我该怎么办? 请与法务部取得联系,并通过[联系方式]与[联系人]进行沟通。我们需要从您那里获取更多信息。在收到您的补充信息后,我们将对您的情况进行重新评估,并提供相应的建议。

法务部不就是前进道路上的"绊脚石"吗? 法务部与开发者密切合作,确定如何在各种情况下使用开源许可。法务部的审查可以有效识别并规避开源许可带来的潜在问题,从而避免企业陷入法律纠纷。

6.3　样本规程：人工智能的数据获取与使用

数据获取与使用规程

如果您以企业员工、承包商或其他代表的身份获取产品开发数据,则必须遵守本规程。本规程包含企业机密信息,除企业自身外不创建任何人的权利。

必须(DO)

您必须:

1. 以个人名义向法务部提交一份数据项目计划,交至[电子邮件]或[链接],承担起数据获取项目和所获取数据的协管员责任。

2. 提交数据项目计划后,请至少等待72小时,然后再开始获取项目数据;如果您已通过认证,且未收到法务部的反对意见或问题,则可以继续获取数据。

3. 遵守本规程、数据项目计划的具体规定及所有适用法律;如有任何疑问,请联系法务部。

4. 首次提交后,在数据项目计划中记录您访问每个数据源的权限,其形式可以是:

    a. 合同中的明确授权:在正式代表企业同意任何合同条款之前(比如通过点击"接受",或在合同上签字,无论是书面还是电子形式),您首先需要法务部的同意,同时应保留合同的副本作为记录;

    b. 网站公布的通用条款中的明确授权:您须下载并在数据项目计划中存档一份相关条款的副本;

    c. 默示授权,适用于数据源无限制提供数据的情况:同样,您须下载并在数据项目计划中存档一份相关条款的副本。

5. 对于来自数据源运营商、数据主体、著作权人或其他外部方面关于您数据采集行为的任何投诉,请向法务部进行报告,并在您的数据项目计划文件中记录这些投诉的解决情况。

6. 确保遵循数据源运营商设定的条款、偏好设置及旨在减轻负面影响的"最佳实践"指南,从而尽量减少对数据源运营商的干扰,具体做法包括:

   a. 遵守爬虫协议中关于数据抓取深度、子域和延迟的限制;

   b. 如果同时访问多个数据源,请将数据抓取操作"并行化",以减少对同一域名的连续请求;

   c. 避免访问和抓取数据源中可能敏感或不易被一般用户发现的区域;

   d. 不可伪造身份和请求来源;

   e. 遵守数据源的访问限制和反抓取协议,不采取手段绕开数据源的技术保护措施,如账户注册要求、速率限制、网际互连协议(Internet Protocol,IP)屏蔽和验证码等;

   f. 选择网站访问量相对较低的时段进行数据抓取,以避免引起服务器拥堵;

   g. 记录并尊重数据源运营商提出的请求。

7. 优先挑选最可信的数据源,特别是那些具有明确许可协议、支持数据抓取与使用并提供公共应用程序编程接口(Application Programming Interface,API)的数据源;如果没有数据源提供公共应用程序编程接口,应选择那些拥有明确许可协议、定期添加或更新数据的数据源(如维基百科),避免使用导航复杂、含有众多失效链接的数据源,因为这类数据源通常不够稳定可靠。

8. 仅将数据用于内部工具和产品的研发,不向用户或任何外部方提供;例如,可以将数据用于开发满足合规要求的算法或模型(如遵守年龄限制或满足安全要求的算法),但不应利用数据扩展广告商可获取的用户信息范围,因为企业不应扮演数据经纪人的角色。

9. 避免收集或立即删除可用于识别个人身份的姓名和标识,对数据进行假名化处理。

10. 当您不再需要所收集的数据,或者达到数据项目计划中规定的使用期限时,请予以删除。但若法务部门出于合规因素(如涉及诉讼保留等情况)要求保留数据更长时间,则应遵从其指示。

禁止(DO NOT)

除非事先获得法务部的建议和批准,否则不得采取以下任何行动:

1. 故意收集敏感数据,包括但不限于未成年人信息、生物识别数据、健康状况、种族背景、宗教信仰、政府身份证号、财务账户信息等;如有例外情况或意外获取大量敏感数据的可能,请立即与法务部联系。

2. 将数据用于超出数据项目计划范围的目的。

3. 向不涉及数据项目计划的内部员工或外部个体披露数据。

4. 采用误导性的声明或欺诈手段获取数据源的访问权限,无论是直接还是间接通过第三方获取;如果数据源的访问需要登录和密码,不得假冒他人身份获取访问权。

5. 规避数据源设置的技术访问控制措施,包括但不限于伪装 IP 地址、绕过验证码或以其他方式隐藏或掩饰数据访问行为。

第七章 维护和审核合规活动

在启动人工智能合规和风控计划后,合规工作并没有结束。恰恰相反,计划的维护阶段刚刚开始。企业须确保计划实施的连续性,同时也要为计划的改变做好准备。

7.1 定期义务及变更管理

有些法律和计划要求企业定期采取特定行动。例如,根据纽约市 2021 年关于自动化就业决策工具的第 144 号地方法案,企业必须对自动化就业决策工具进行年度偏见审核。虽然英国在 2018 年 GDPR 生效时废除了有关企业年度注册的实质性要求,英国信息专员办公室(Information Commissioner's Office, ICO)仍然要求企业支付年度注册费。"欧美数据隐私框架"则要求企业进行年度认证。根据 CCPA,企业还须发布年度隐私声明,概述过去 12 个月内对个人信息的出售和披露情况。全球立法者不断发布和更新法律,企业本身也会经历并购、剥离、重组、搬迁、国际扩张、员工增减和技术收购等转型。负责人工智能合规的员工阵容亦可能发生变动。这些变化都可能对企业的合规性产生重大影响。

为确保合规计划的高效性、灵活性和连续性,企业应准备一份档案来描述其合规维护方案、列出决策者和关键文件的位置,并汇总先前合规评估的信息(如所涉及的法域、提供商和服务等)。借助这些文件,企业就能够回答执行合规计划中出现的问题,快速判断是否应当更新和拓展计划,定期评估计划并将评估结果记录在案,指导审核工作,并对员工或新的合规专员进行人工智能合规培训。举例来说,当系统协管员离职时,企业的人工智能合规官或治理委员会应确保交接工作顺利进行,新的协管员能够参考上一任协管员的各项工作记录。对于受 GDPR 管辖的企业来说,保留其遵守 GDPR 行动的证据尤为重要。在许多其他法律的规定下,如果企业能随时提供实施合规和风控计划的证据,则可享受免责特权或监管机构的宽限。

行动清单

- 准备合规清单,在日历上标记定期的认证和申报要求。
- 安排内外部审核,定期审查合规计划,对企业代表进行定期培训。
- 定期审查提供商名单和合规状况。
- 监控企业收到的投诉、数据访问请求、数据删除请求和相关诉讼。

7.2 终止文件及相关流程

当企业完善或增加文档、流程和合规要素时,应考虑增加多少就删减多少,以避免合规计划被繁文缛节拖累。引入一项新的合规要求时,要考虑为其设置一个自动失效日期,并预先安排审查流程。这一点在人工智能法律发展的早期尤为重要,因为大量的法律法规尚未出台,在未来几年内,企业将面临更多的合规要求。如果不断增加文件页数以及对员工和提供商的要求,企业的工作会越来越杂乱,合规计划也会越来越低效。

7.3 接管或审核现有合规计划

当您接管或审核一个现有的合规计划时(如上任新工作或对目标企业进行并购尽职调查等),您应当执行与开展新计划类似的步骤,要求企业提供文件或其他资料以证明企业满足合规要求。您也可以先向企业提出一些开放式的问题，了解企业迄今为止为合规做了哪些工作，根据企业的回答再提出更具体的要求。

例如，您可以先要求企业提供以下信息：

- 每家公司、分公司的具体实体名称、地址、员工人数、数据保护官、合规专员、工会领导、工人委员会或其他员工组织代表；
- 正在使用的每个系统（包括人工智能系统和非人工智能系统）的名称和用途，以及企业内负责各系统的人员；
- 数据库和数据流的目录（附有数据类别、数据主体类型、数据用途的摘要，以及数据处理操作的详细信息）；
- 外部通知、声明和同意书的副本，以及企业内部关于人工智能开发使用规程的副本；
- 开源代码政策，以及在编程中使用人工智能的政策；
- 有关人工智能的合规和风险评估、偏见审核，以及法律建议备忘录；
- 有关人工智能的诉讼、投诉和其他争议清单；
- 人工智能相关服务的主要提供商名单，以及服务协议副本。

一般来说，任何工作的交接或审核都会涉及多阶段的交流（提问、回答、追问等环节），即使企业的合规计划非常完善也难免如此。平时准备好关键信息和资料可以帮助企业节省时间、避免低效和重复的工作。

7.4 开发审核机制

在企业准备首次内部或外部审核时，应使用可以被高效、清晰验证的审核标准。若企业要求审核人员检查其是否全面遵守与人工智能相关的所有适用法律或行业标准，审核人员将不得不深入研究大量细节，这可能导致企业难以获得具有实际操作意义的报告。因此，企业应该考虑采用二进制方式定义审核标准,即通过"是或否"的问题来进行审核,以此最大限度地减少审核人员的主观判断空间。

例如,审核人员可以有效核实企业是否:

- 存有一份人工智能部署的完整清单;
- 为每项人工智能指定一名系统协管员或合规专员;
- 对每项新部署的人工智能进行书面影响和风险评估,并每年更新;
- 要求开发者在获取人工智能训练数据时遵守书面协议,并定期检查合规情况;
- 与外部人工智能提供商签订书面的数据处理协议,包括欧盟颁布的标准合同条款;
- 发布有关自动化决策的通知,并向所有受影响的个体提供反对权;
- 披露人工智能聊天机器人的使用;
- 确认所有员工完成了年度人工智能合规培训。

企业的法务部门和合规专员应在企业现有的财务、数据保护或信息安全审核计划中添加与人工智能相关的审核项目(最好是可以用"是或否"回答的问题),以避免员工和管理层必须参加额外的审核计划,并确保企业能从审核过程中获得实际利益。经过几轮内部审核后,企业应考虑让信誉良好的第三方机构对企业的合规计划进行外部验证。这种来自外部的审核报告可以让企业从一众人工智能服务商中脱颖而出,消除客户对企业合规性的顾虑。

客户必须仔细评估外部审核人员的专业性和审核项目的相关性。类似隐私印章(privacy seal)等审核报告曾受到行业的批评,甚至因审核标准不严和审核结论具有误导性而受到监管机构的制裁。

7.5 检验人工智能的性能、质量与安全性

除了对合规计划进行定期审核之外,还应定期评估人工智能系统的性

能、质量和安全性。这包括定期检查系统的使用状况,以及监控相关的投诉、安全事件等统计信息。

7.6 合规工具与自动化项目

对于经常性的合规任务,企业应考虑将其自动化。例如,如果企业经常收到数据主体的数据访问或数据删除请求,应考虑向数据主体提供一个自动化流程,使数据主体能够自行下载或删除数据。又如,如果大量求职者反对企业在招聘中使用自动化决策,企业应考虑设立一个简便的求职信息人工复核流程。

在考虑使用自动化工具之前,企业应仔细评估该工具想要解决的具体问题,其解决方案是否源于法律要求,是否为对企业最有利的选择,以及其成本效益相比传统人工操作如何,从而做出明智的决策。

7.7 并购中的尽职调查

收购企业时,买方通常会对目标企业的合规状况进行尽职调查。人工智能合规方面的尽职调查的充分程度取决于人工智能对买方和目标企业的重要性。

如果买方收购目标企业正是为了建立或拓展其人工智能业务,那么买方须对目标企业的人工智能和相关合规计划进行详细审核。如果买方只想获得目标企业的员工和客户关系,并计划终止目标企业的人工智能服务,那么买方的尽职调查可以仅限于目标企业因使用人工智能而引发的诉讼(包括潜在诉讼)。在并购中,人工智能既是交易资产,又是责任来源。基于人工智能的重要性,买方在尽职调查时可以借鉴本章第7.3部分中提到的接管人工智能合规计划的方式,将其中列出的事项添加到尽职调查的清单中。在收购完成后,买方还须接管目标企业的人工智能合规计划,因此这一步无论如何都是必要的。

在尽职调查中,买方不免会向目标企业提出许多问题。买方可以根据自己希望得到的答案来起草收购协议中的陈述与保证条款(要求卖方在收购协议中做出保证)。例如,保证目标企业的所有人工智能系统已在附表中列出、保证目标企业的人工智能没有已知投诉、保证目标企业已取得关于人工智能的所有法定必要同意等。如此一来,即使买方没有对目标企业的材料进行详细审查,也能对其合规状况有些信心。但是,这样做也可能促使卖方在收购协议的披露函中主动承认合规方面的不足。一旦交易完成,卖方的坦白又会反过来困扰买方,因为买方将对目标企业的合规缺陷承担责任。如果卖方的合规缺陷在买方的要求下被披露并记录在案,而且不享受律师—客户特权,那买方将面临更大的风险。这种风险不是人工智能特有的问题,在许多商业并购中普遍存在。

尽职调查中应考虑的另一点是,如何确保买卖双方把人工智能用在交易过程本身时的合规性。例如,如果买方使用人工智能对目标企业的合同、数据和代码进行尽职调查,那么即使交易没有完成,买方(或第三方人工智能提供商)也可能利用目标企业的商业秘密和机密信息增强其人工智能的能力。此外,买方经常会要求卖方提供员工和客户信息,但卖方若要提供此类信息往往要违反隐私法或相关保密协议。虽然这些违规行为最初只是卖方或目标企业的问题,但如果交易完成,它们最终会成为买方的问题。因此,双方应该协作,在尽职调查的文件中对个人信息和机密信息进行删节或去标识化处理,确保仅向需要了解信息的人员开放,并实施严格的访问控制和保密措施。双方及其律师还应考虑其他种种问题,包括但不限于:数据查阅室中的信息和往来邮件是否加密,哪些人员有权查阅信息,是否允许双方下载和复制文件,谈判中止时信息是否必须被删除或退回。在反垄断监管机构批准交易之前,目标企业不应与买方分享敏感的产品定价或客户信息。如果一定要分享,应仅限于与买方的外部法律顾问分享,不应让这些敏感信息落入人工智能之手。

卖方在向买方提供个人信息时,一般会对信息进行去标识化处理。有些卖方还会采取循序渐进的方法,一开始(几乎)不披露任何个人信息,最多只向买方提供删节后的文件,直到交易结束时才披露与交易相关的个人信息。如果个人信息的主体是大型企业的普通员工,从电子表格中删除员工姓名和工号可能就足够了。但对于小企业来说,即使在表格中删除了员工的姓名,买方往往仍能猜到信息所对应的人。如果卖方有合法、有力的理由与买方分享数据,且数据主体的利益不受影响,那么这种不完全有效的措施在法律上也是可以接受的。话虽如此,企业一般不应在交易完成前大范围分享个人信息。

7.8 对供应商的尽职调查

在审核服务提供商或其他供应商时,企业通常无须进行全面审核,只需关注与其作为客户而相关的合规事项。通常情况下,企业作为客户只关心提供商是否能依法为企业提供人工智能服务,是否能确保输入和输出信息的机密性和安全性,是否仅将企业输入的信息用于生成输出(而不是用于训练人工智能或其他目的,除非该目的对企业自身有利),是否能保证不输出侵犯他人知识产权或对他人造成歧视的信息,以及是否在服务终止后能退回或删除企业的数据。企业客户往往不会关心供应商自身使用人工智能的合规性(如供应商在招聘自身员工时是否合规使用人工智能),因为企业作为数据控制者无须对供应商自身的合规问题承担责任。但是,如果供应商使用人工智能是为了帮助企业完成招聘和背景调查,那么企业应对供应商使用人工智能的合规性进行再三确认。

7.9 持续的员工培训

除了对新员工的指导和培训外,企业还应对现有员工进行定期的复习、再培训和知识检查。当员工调动或晋升到新岗位时,应安排他们接受与新岗位相关的附加培训和考核。

7.10 监控新发展

通过咨询外部顾问,企业可以掌握法律和技术发展的新动态。未来几年,企业将面临大量新的合规要求、使用案例、机遇与风险。企业应当有序地做好准备,以免合规工作应接不暇,同时避免错过人工智能领域的重大发展。

要点清单

要点清单有助于企业掌握合规关键要求及完成度。企业可以使用要点清单来制定会议议程、创建项目任务列表，以及快速检查企业的合规状况。然而，要点清单不应该给企业产生一种虚假的完整感或安全感。以下的要点清单旨在协助企业识别合规的关键领域，发现存在的合规缺口，以及促进企业内部就人工智能法律合规性进行深入的讨论。

1. 企业的人工智能合规工作由谁负责？

✓ 企业是否已指定了个人或管理委员会负责制订、实施和监控人工智能的合规与风控计划？

✓ 企业是否有高管或员工作为系统协管员（或以其他明确规定的角色）对每个人工智能系统负责？

✓ 企业的员工代表在人工智能合规和风控方面是否得到了适当的指导和培训？

2. 企业了解其所使用的人工智能吗？

✓ 企业是否已盘点其主要使用的外部系统和内部系统，并确认哪些属于确定性系统、哪些属于人工智能系统？

✓ 企业是否分析过哪些人工智能应该在企业内部开发、哪些应从供应商处购买、哪些应从公开渠道获取？

3. 企业是否记录了人工智能的影响评估和风控措施？

✓ 企业是否已根据律师—客户特权就人工智能的使用进行法律评估，确定适用的合规要求，并做好应对已知风险（包括算法带来的歧视风险）的准备？

✓ 企业是否已经记录了影响评估，既为了符合特定的法律要求，也为了在发生事件或面临法律争议时为企业提供保护？

4. 企业是否对系统和数据加密并确保其安全？

✓ 企业是否已制定安全规程，详述物理、技术和组织数据方面的安全措施，例如加密设备和管控数据库的访问权限？

✓ 企业全体员工是否都熟知规程，并在实际工作中遵照规程办事？

✓ 企业是否谨慎挑选数据处理服务商并与其签订合同，是否对其行为进行监督以确保企业数据安全？

✓ 企业是否建立了关于数据留存和删除的管理流程，以便在不需要数据或法律规定不得储存数据的情况下，安全地销毁数据？

5. 企业是否与人工智能提供商签署了适当的数据处理协议？

✓ 企业作为用户应与人工智能提供商签订数据处理和保密协议，以满足隐私和数据保护法的要求，并保护商业机密。

✓ 如果提供商利用企业数据进一步优化提供商的人工智能，企业或许也能从中受益，但企业须确保其商业秘密被充分保护，并遵守相关的隐私和数据保护法律。

6. 企业是否向用户发出了必要的警告和法定通知，并征得了必要同意？

✓ 根据现行法律和草案，企业必须对自动化决策、人工智能聊天机器人等内容进行披露。企业的这类通知是否符合法律对于格式、内容、结构、术语使用和翻译等方面的全部要求？

✓ 企业是否向用户发出了充分且及时的警告，以降低人工智能被滥用和致害的风险？

7. 企业是否有相应流程及资源来应对安全事件、政府传票、用户咨询、消费者投诉以及数据主体提出的数据访问、更正和删除请求？

✓ 根据GDPR、CCPA等相关法律，企业必须满足个人有关数据处理、提供数据副本、更正或删除数据的请求；为了遵守此类法律，企业作为数据控制者必须得到数据处理者的支持，因此也须相应地更新与数据处理者的合同。

✓ 企业是否制定了应对政府"黎明突袭"和个人数据请求的规程？企业是否评估过供应商会如何应对政府访问个人数据的要求？

8. 企业是否在最合适的法域开发、提供和使用人工智能？

✓ 鉴于各法域在数据处理、采集、著作权侵权等方面的法律差异，企业是否已根据适用法律和诉讼风险，选择了数据采集和人工智能开发的最佳法律环境？

✓ 企业是否采取了适当措施来确保其数据和人工智能不会被不当暴露于外国政府的访问和监控之中？

✓ 根据数据驻留法，企业或企业客户是否必须在本地保留数据？

9. 企业与人工智能有关的商业合同是否全面充分？

✓ 企业是否在与人工智能开发者、提供商和用户签订的商业合同中明确约定各方有关人工智能的权利、义务和责任？

✓ 企业的合同条款是否向客户提供全面的声明和保障，覆盖合规性、数据保护、国际数据传输以及数据安全等领域的所有法律要求，并满足客户的合理预期？

✓ 企业与人工智能个人用户的合同条款是否能证明企业数据处理的合理性，并为合同各方分配了适当的权利和义务？

✓ 企业现有的保单或新的保险计划是否为企业提供了足够的保障？

10. 企业是否对其采取的合规措施有所记录？

✓ 企业是否已经详尽地记录了其实施的合规措施，以解答客户及内部用户的疑问，展现企业的合规与责任感，应对监管机构的要求，满足并购过程中的尽职调查需要，以及有效辩驳关于企业违反人工智能相关法律规定的指控？

✓ 企业在采用新的人工智能产品或流程（包括自动化决策）之前，是否已展开影响评估的机制？

✓ 企业是否会在产品开发过程中尽早征求数据保护官和法务部的意见？

✓ 企业是否为客户、潜在客户和最终用户提供指导（如通过用户手册、白皮书和常见问题解答），让他们了解如何在遵守适用法律的前提下使用企业的人工智能产品，以及如何避免合规陷阱？

✓ 企业是否在内部规程中向员工提供有效指导，确保员工能合规地开发、提供、使用和监控人工智能？

相关资料

每个人都有自己的研究方法和偏好。下面提供的简短相关资料仅是我个人认为有帮助的建议，但远非完整，也不构成对所提及或未提及资料的评论、排名或评价。

有关人工智能：

- 加州大学伯克利分校的计算机科学教授斯图尔特·J. 拉塞尔（Stuart J. Russell）在其2019年出版的《AI 新生：破解人机共存密码——人类最后一个大问题》一书和2023年4月题为"如何避免人工智能毁灭世界"的一次演讲中阐述了人工智能相关技术和生存风险；
- 相对乐观的预测，参见马克·安德里森（Marc Andreessen）的《为什么人工智能将拯救世界》，载 https://a16z.com/2023/06/06/ai–will–save–the–world/；
- 斯蒂芬·沃尔夫勒姆（Stephen Wolfram）在2023年2月解释了ChatGPT在做什么，以及它为什么有效，载 https://writings.stephenwolfram.com/2023/02/what-is-chatgpt-doing-and-why-does-it-work/；
- 莱克斯·弗里德曼（Lex Fridman）在访谈和播客中与各界思想领袖讨论了人工智能的技术、经济、哲学等方面内容，载 https://lexfridman.com/。

有关法律：

- 伊恩·巴隆（Ian Ballon）所著《电子商务与互联网法》；
- 大卫·本德尔（David Bender）所著《计算机法：网络法和数据隐私法指南》；
- 希瑟·米克尔（Heather Meeker）所著《商业开源：开源软件许可实用

指南》2020 年第 3 版;

- 大卫·尼莫(David Nimmer)所著《尼莫论版权》;
- 保罗·M. 施瓦茨(Paul M. Schwartz)和丹尼尔·J. 索洛夫(Daniel J. Solove)所著《隐私法基础》2022 年第 6 版;
- 克里斯·杰伊·霍夫纳格(Chris Jay Hoofnagle)和辛普森·L. 加芬克尔(Simson L. Garfinkel)所著《量子时代的法律与政策》;
- 马克·A. 莱姆利(Mark A. Lemley)和布莱恩·凯西(Bryan Casey)所著《公平学习》,载 https://texaslawreview.org/fair-learning/;
- 彼得·梅内尔(Peter Menell)所著《应用程序编程接口著作权可保护性的不确定性:揭开并修复甲骨文诉谷歌一案的司法乱局》,2016 年发表于《伯克利科技法律杂志》,载 http://dx.doi.org/10.2139/ssrn.2859740;
- 帕梅拉·萨缪尔森(Pamela Samuelson)所著《软件保护的未来:分配计算机生成作品的所有权》,1986 年发表于《匹兹堡大学法律评论》,载 https://people.ischool.berkeley.edu/~pam/papers/47UPittLRev1185.pdf;
- 狄乐达所著《无人拥有数据》,2019 年发表于《黑斯廷斯法律杂志》,载 http://dx.doi.org/10.2139/ssrn.3123957;
- 狄乐达所著《加州隐私法:美国联邦和加州法律实用指南和评注》2023 年第 5 版;
- 狄乐达所著《数据隐私法实务指南:以跨国公司合规为视角》2022 年第 5 版。

在万维网上,政府机关、律师事务所、维基百科、媒体企业和个人都会发布法律新闻和快讯。作为初步了解某特定话题的起点,我通常会在通用互联网搜索引擎上搜索关键词或短语,或在大语言模型中输入提示语。

各国数据保护机构以及根据 GDPR 成立的欧洲数据保护委员会就人工智能等话题发布了相当全面的指导性意见。这些文件有英文版和其他语言版,可在欧盟和各国当局的网页上免费获取。欧洲数据保护委员会的文件对企业、法院或各国机构不具备法律约束力，不过，各国数据保护机构在做出具有法律效力的裁决时通常会考虑并遵循这些文件。

美国国家标准与技术研究院（National Institute of Standards and Technology，NIST）发布了人工智能风险管理框架，载 https://nvlpubs.nist.gov/nistpubs/ai/NIST.AI.100-1.pdf。国际隐私专业协会（International Association of Privacy Professionals，IAPP）和美国执业律师协会（Practising Law Institute，PLI）提供相关会议、培训和认证项目。

图书在版编目（CIP）数据

人工智能法律实务指南／（美）狄乐达
（Lothar Determann）著；金小力，陈心云译. -- 北京：
法律出版社，2024. -- ISBN 978-7-5197-9321-0

Ⅰ.D912.17-62

中国国家版本馆CIP数据核字第2024XB0178号

人工智能法律实务指南 RENGONG ZHINENG FALÜ SHIWU ZHINAN	［美］狄乐达（Lothar Determann）著 金小力　陈心云　译	策划编辑　赵明霞 责任编辑　赵明霞　宋佳欣 装帧设计　鲍龙卉

出版发行	法律出版社	开本	710毫米×1000毫米　1/16
编辑统筹	法商出版分社	印张	13　　字数　178千
责任校对	晁明慧	版本	2024年11月第1版
责任印制	胡晓雅	印次	2024年11月第1次印刷
经　　销	新华书店	印刷	北京盛通印刷股份有限公司

地址：北京市丰台区莲花池西里7号（100073）
网址：www.lawpress.com.cn　　　　　　　销售电话：010-83938349
投稿邮箱：info@lawpress.com.cn　　　　　客服电话：010-83938350
举报盗版邮箱：jbwq@lawpress.com.cn　　　咨询电话：010-63939796
版权所有·侵权必究

书　号：ISBN 978-7-5197-9321-0　　　　　定价：78.00元

凡购买本社图书，如有印装错误，我社负责退换。电话：010-83938349